新版 はじめての インボイス登録と 消費税の申告

税理士 **小谷羊太** 監修

税理士 **森本耕平** 著

清文社

はじめに

　令和元年10月から消費税の税率が8％から10％に増税されました。その増税に伴い標準税率のほかに軽減税率と複数税率が導入され、更に令和5年10月からインボイス制度が導入されました。インボイス制度とは、買手となる課税事業者が仕入税額控除の適用を受けるために、売手である登録事業者が発行したインボイス（登録番号が記載された適格請求書）を保存することが必要となる制度です。

　ここ数年の間に「消費税」は大きな変化をしています。特に令和5年のインボイス制度導入により、今まで免税事業者であった多くの個人事業主や法人が事業を行っていく上で、どうしても消費税のインボイスの発行課税事業者であるか否かがその後の経営に大きく影響することが懸念されます。事業者がインボイス発行事業者となって消費税の申告をする必要が出てくると想定されます。

　このような経済環境を背景に、はじめて消費税の申告を行うこととなる事業者の方に、手っ取り早く消費税を理解してもらえる入門書が必要であると考え、本書を執筆した次第です。

　消費税は、すべての事業者の日々の事業取引に必ずと言っていいほど関わってきます。消費税を理解するにはしっかりとした知識が必要となります。本書では、普段実務でよく出てくる項目のみを厳選し、できるかぎりシンプルな図解によってわかりやすく説明をするように心がけました。また、できるかぎり法律の用語を使わないようにしています。

　インボイス制度についても、わかりやすい事例を設けながらできるかぎり詳しく解説をしていますので、本書を通じて消費税の基本的な実務の疑問が解決できるようになっていると確信します。
　本書が我が国の納税義務の適正な実現を図る指針になればと願います。

令和5年12月

監修者　税理士　小谷　羊太
著　者　税理士　森本　耕平

目　次 CONTENTS

第6章　消費税の届出書 　*131*

※本書の内容は、令和5年12月1日現在の法令等によっています。

第1章

インボイス制度

1　免税事業者は損をする？

適格請求書発行事業者（インボイス発行事業者）の登録者数は約400万件（令和5年10月末現在）

　令和5年11月9日に公表された「適格請求書発行事業者の登録件数及び登録通知時期の目安について」によると、令和5年10月末現在で4,065,405件でした。

　国税庁統計年報によれば、令和3年度の消費税の申告件数は292万件、これに対し、同年度の法人数は328万社、事業所得や不動産所得のある個人の合計は541万人でした。

　この統計より、インボイス制度開始前の免税事業者は577万に上るのではないかと推測できます。事業を行っている法人・個人事業主のうち約6割が免税事業者であったことになります。

　令和5年10月1日から始まった適格請求書等保存方式（いわゆるインボイス制度）の導入により、ほとんどの免税事業者が課税事業者になるといわれていましたが、思っていたより免税事業者のままとなっています。

免税事業者はメリットよりデメリットが多くなる？

　免税事業者の場合、消費税の申告・納税をしませんので、本来納税しなければいけない分が事業者の利益になっているという益税問題が消費税創設時から言われてきました。

　そこで、消費税の複数税率の改正を受け、益税問題の解決のために、令和5年以降は、インボイス発行事業者からの購入でなければ基本的に消費税納付税額の計算に入れることができません。

　そのため、購入者側は同じ商品を購入する場合、インボイス発行事業者から購入する方が消費税の納付税額が少なくなりますので、インボイス発行事業者でない事業者との取引をやめるケースが出てくると思われます。

　それを図にしたものが右ページです。

【用語の説明】
・課税事業者…消費税を納める事業者
・免税事業者…消費税を納めない事業者

● 課税事業者（インボイス発行事業者）と免税事業者から商品55万円を購入して110万円で販売した場合の違い

・課税事業者（インボイス発行事業者）から購入した場合

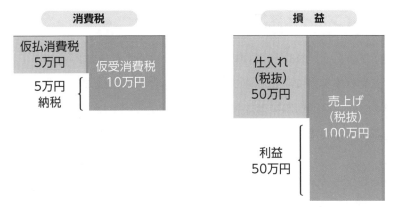

事業者は利益50万円を得て、消費税5万円を納税となります。

・免税事業者から購入した場合

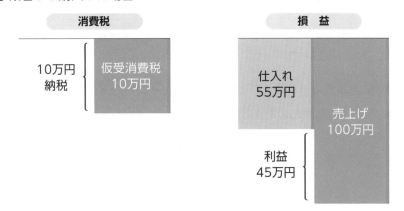

事業者は利益が45万円となり、消費税は10万円の納税額となります。

　免税事業者から購入すると、利益は小さく、消費税の納税額が増えることになり、免税事業者との取引をやめてしまうことが十分にありえます。

　そこで、多くの免税事業者は、得意先との取引を考えるとインボイス発行事業者（つまり課税事業者）になることを検討しなければなりません。

インボイス発行事業者になる必要があるのか?

　すべての事業者がインボイス発行事業者になる必要があるかといえば、そういうわけではありません。取引先によってはインボイス発行事業者になる必要がない場合があります。

　あなたがインボイス発行事業者になる必要があるどうかは、右ページの図を参考に確認をしてください。

課税事業者≠インボイス発行事業者

　課税事業者が必ずインボイス発行事業者になるわけではありません。

　インボイス発行事業者になるためには、課税事業者になる必要がありますが、課税事業者になればインボイス発行事業者になるのかというとそういうわけではありません。インボイス発行事業者になるためには、事前に申請を行って、税務署長の登録を受けなければなりません。

　免税事業者がインボイス発行事業者になるためには基本的に課税事業者を選択し、それに加えてインボイス発行事業者の登録、申請が必要になります。

インボイス発行事業者でなければ消費税の申告は要らない?

　インボイス発行事業者でなければ、消費税の申告は必要がないのかというとそういうわけではありません。

　課税事業者は消費税の申告義務がありますので、インボイス発行事業者に登録しているしていないは関係ありませんので、ご注意ください。

● インボイス発行事業者になる必要があるかのフローチャート

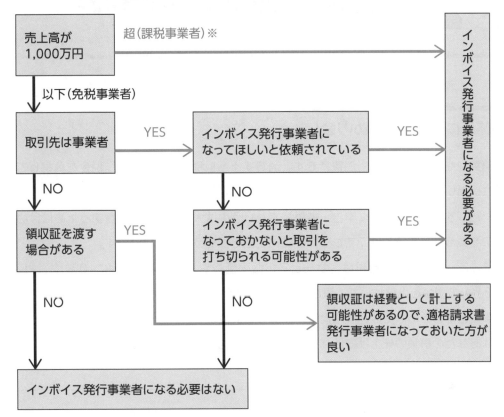

※課税売上高が1,000万円を超えている課税事業者がインボイス発行事業者にならない場合があります。
　例えば消費者のみと取引している事業者の場合、消費者は消費税の申告をしませんので、わざわざ登録
　する必要がないわけです。

【用語の説明】

・課税売上高…非課税（第3章）以外の売上高

2 消費税の基本的な仕組み

事業者にとっては「預かり金」

消費税を負担するのは、消費者です。消費する＝担税力があるので、税金を負担してください ということです。

ただ、すべての消費者に申告・納付してもらうのは大変なので、消費するためには必ず ものを買ったりするわけですから、そこに税金を課そうというわけです。

そこで、物の販売、貸付け、サービスの販売価格やサービスの代金に10%（軽減税率 は8％）の税金を上乗せして、事業者に納めてもらうことにしたのです。

事業者であるあなたは、本来消費者が納める消費税を代わりに納めていますので、消費 税はあなたの事業の売上げではなく、「預かり金」なのです。

消費税を納税するのは事業者

消費税を納税するのは事業者であるあなたになるわけですが売上規模の小さい事業者に ついては、消費税の申告・納付を免除される免税事業者となり申告納税が免除されます。 その基準は、2年前の基準期間における売上高が1,000万円を超えるかどうかです。

ただ、インボイス制度が導入され、売上高が1,000万円以下の免税事業者がインボイス 発行事業者になり申告・納税することになるケースが増えてくるでしょう。

納付税額の計算

基本的に1年間の「売上げに係る消費税＝預かった消費税」から「仕入れに係る消費税 ＝支払った消費税」を控除して納付する消費税を計算します。右の図では、売上げに係る 消費税5万円から仕入に係る消費税3万円を控除した2万円が納付税額になります。

● 消費税の基本的な仕組み

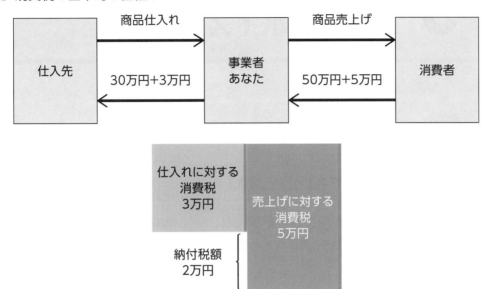

```
仕入先  ──商品仕入れ──→  事業者      ──商品売上げ──→  消費者
       ←─30万円+3万円─   あなた     ←─50万円+5万円─
```

仕入れに対する
消費税
3万円

売上げに対する
消費税
5万円

納付税額
2万円

【用語の説明】

基準期間（41ページ参照）…個人事業者はその年の前々年
　　　　　　　　　　　　　法人はその事業年度の前々事業年度

※この本では基準期間における課税売上高を2年前の売上高という表現で記載しています。

3　適格請求書等保存方式（インボイス制度）

（1）概要

インボイス制度は令和5年10月から導入

　令和元年10月1日の消費税の複数税率の創設に伴い、適格請求書等保存方式（いわゆるインボイス制度）が令和5年10月1日から導入されました。

適格請求書（インボイスという）って何?

　請求書や納品書、領収書、レシート等の名称を問わず、売手が、買手に対し正確な適用税率や消費税額等を伝えるための手段であり、登録番号のほか、一定の事項が記載された請求書や納品書その他これらに類するものをいいます。

　記載例として右記のようなものが適格請求書（インボイス）となります。

今までの領収証や請求書と何が変わったの?

　今までの領収証や請求書と変わった点は、インボイス発行事業者の登録番号を記載することです。この登録番号がない領収証や請求書を受け取った取引先は仕入税額控除を受けることが出来なくなります。

　また、「適用税率（10%や軽減税率8%）」、「消費税額」を記載する必要がありますので、今まで領収証に領収金額だけしか書いていなかったという方は、ご注意ください。

● 今までの領収証

```
                    領  収  証
                                      令和4年6月21日
  株式会社 織田組 御中

            ¥110,000 (税込)
                    但し商品代として

  内訳
  税抜金額   ¥100,000          大阪市中央区大阪城1
  消費税額   ¥ 10,000          株式会社 豊臣商事
                               TEL 06-××××-××××
```

※豊臣商事が免税事業者であっても、上記の様な領収証が発行できました。

● 令和5年10月1日から

```
                    領  収  証
                                      令和6年6月21日
  株式会社 織田組 御中

            ¥110,000 (税込)
                    但し商品代として

  内訳                          大阪市中央区大阪城1
  税抜金額      ¥100,000        株式会社 豊臣商事
  消費税額(10%) ¥ 10,000        TEL 06-××××-××××
                               登録番号 T1234567890123
```

※インボイス発行事業者に付与される登録番号がなければ、領収証に消費税額を記載することができません。

● 令和5年10月1日からインボイス発行事業者以外の領収証

```
                    領  収  証
                                      令和6年6月21日
  株式会社 織田組 御中

            ¥100,000
                    但し商品代として

  内訳                          大阪市中央区大阪城1
  税抜金額      ¥100,000        株式会社 豊臣商事
  消費税額(10%) ¥      0        TEL 06-××××-××××
```

※インボイス発行事業者以外は、領収証に消費税額を記載することができなくなります。つまり、株式会社織田組は支払った消費税がありませんので、消費税の計算上経費となりません（法人税、所得税では経費になります）。

9

インボイスの交付の免除

すべての取引についてインボイスの交付が義務づけられているわけではありません。
次の取引に関しては、交付が免除されています。

①３万円未満の公共交通機関（船舶、バス、鉄道）による旅客の運送

②３万円未満の自動販売機、コインロッカー、コインランドリーなどの自動サービス機
　などからの商品の購入

インボイスと簡易インボイスの違い

適格請求書等（インボイス）保存方式を採用することにより、従来の帳簿書類の保存制
度と比べると事業者に対する事務負担が増えています。

そこで、小売業、飲食店業、写真業、旅行業、タクシー業、駐車場業（コインパーキン
グのような不特定多数に対する者に限ります。）に関して、インボイスに代えて「簡易イン
ボイス」を交付することができます。

「インボイス」と「簡易インボイス」の違いは次のようになります。

インボイス	簡易インボイス
①インボイス発行事業者の氏名又は名称及び登録番号	①インボイス発行事業者の氏名又は名称及び登録番号
②取引年月日	②取引年月日
③取引内容（軽減税率の対象品目である旨）	③取引内容（軽減税率の対象品目である旨）
④税率ごとに区分して合計した対価の額（税抜き又は税込み）及び適用税率	④税率ごとに区分して合計した対価の額（税抜き又は税込み）
⑤税率ごとに区分した消費税額等	⑤税率ごとに区分した消費税額等又は適用税率
⑥書類の交付を受ける事業者の氏名又は名称	

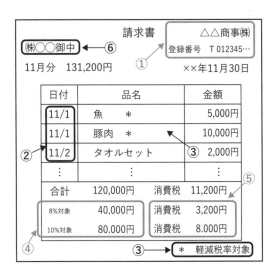

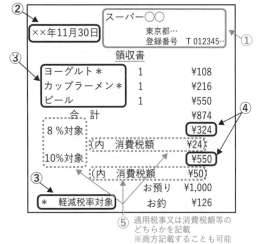

⑤ 適用税事又は消費税額等のどちらかを記載
※両方記載することも可能

簡易インボイスは
スーパーのレシートです。

簡易インボイスの記載に当たっての留意点

簡易インボイスを作成するに当たり、留意点があります。

簡易インボイスとして認められる例と認められない例を挙げておきます。

【例①：認められる例】

請求書

○○㈱ 御中　　　　　　　　　○年11月30日
　　　　　　　　　　　　　　　　㈱△△
　　　　　　　　　　　　　　　（T123…）

請求金額（税込）60,197円
※は軽減税率対象

取引年月日	品名	数量	単価	税抜金額	消費税額
11/2	トマト　※	83	167	13,861	−
11/2	ピーマン※	197	67	13,199	−
11/15	花	57	77	4,389	−
11/15	肥料	57	417	23,769	−
	8％対象計			27,060	端数処理→2,164
	10％対象計			28,158	端数処理→2,815

《計算例》
- 税率ごとに、個々の商品に係る「税抜金額」を合計
  - → 8％対象：27,060円（税抜き）
    10％対象：28,158円（税抜き）
- それぞれ、消費税額を計算
  （税率ごとに端数処理1回ずつ）
  - → 8％対象：27,060×8／100＝2,164.8→2,164円
    10％対象：28,158×10／100＝2,815.8→2,815円
- ⇒ インボイスの記載事項として**認められる。**

【例②：認められない例】

請求書

○○㈱ 御中　　　　　　　　　○年11月30日
　　　　　　　　　　　　　　　　㈱△△
　　　　　　　　　　　　　　　（T123…）

請求金額（税込）60,195円
※は軽減税率対象

取引年月日	品名	数量	単価	税抜金額	消費税額
11/2	トマト　※	83	167	13,861	行ごとに端数処理→1,108
11/2	ピーマン※	197	67	13,199	1,055
11/15	花	57	77	4,389	438
11/15	肥料	57	417	23,769	2,376
	8％対象計			27,060	2,163
	10％対象計			28,158	2,814

合算

《計算例》
- 個々の商品ごとに消費税額を計算
  （その都度端数処理）
- 計算した消費税額を、税率ごとに合計
- ⇒ 個々の商品の数だけ端数処理を行うこととなり、
  インボイスの記載事項としては**認められない。**

※ 個々の商品ごとの消費税額を参考として記載することは、差し支えありません。

　ポイントは、それぞれの商品毎に消費税額を計算して、端数処理をするのではなく、**税率ごとに一括りにして税抜金額を求め、その金額に消費税額の計算をしなければならない**ということです。

　その消費税額に端数が出た場合は、「切上げ」、「切捨て」、「四捨五入」など任意の方法で行うこととなります。

令和11年9月30日までの
ちょっとおトク(経過措置)

第1章

免税事業者等からの課税仕入れに係る経過措置

　インボイス制度の導入により、免税事業者や消費者など、インボイス発行事業者以外の者から行った仕入れに係る消費税額を控除することができなくなりました。

　ただし、区分記載請求書等と同様の事項が記載された請求書等を保存し、帳簿にこの経過措置の規定の適用を受ける旨が記載されている場合には、次の表のとおり、一定の期間は、仕入税額相当額の一定割合を仕入税額として控除できる経過措置が設けられています。

期間	割合
令和5年10月1日〜令和8年9月30日	仕入税額相当額の80%
令和8年10月1日〜令和11年9月30日	仕入税額相当額の50%
令和11年10月1日以降	控除不可

区分記載請求書等

①書類の作成者の氏名又は名称

②取引年月日

③取引内容(軽減税率の対象品目である旨)

④税率事に合計した対価の額(税込み)

⑤書類の交付を受ける事業者の氏名又は名称

インボイス発行事業者以外の者からの仕入れに係る経過措置の見直し(区分記載請求書に係る電磁的記録の提供を受けた場合における仕入税額控除)

　インボイス発行事業者以外の者からの仕入れに係る経過措置(80%控除又は50%控除)の適用については、売手から書類で交付された区分記載請求書の保存が要件とされていましたが、区分記載請求書に係る電磁的記録の提供を受け、これを保存する場合にも、経過措置の適用を受けることができることとされました。

【用語の説明】

・課税仕入れ…消費税が含まれている仕入れ

・仕入税額控除…売上げに係る消費税から控除できる仕入れに係る消費税

（2）インボイス発行事業者になるために

❶ 手続きの流れ

インボイス発行事業者になるために

　インボイス発行事業者になるためには、所轄税務署長に「適格請求書発行事業者の登録申請書」を提出する必要があります。

　インボイス発行事業者の登録を受けますと、その事業者の名称や登録番号が「適格請求書発行事業者登録簿」に搭載され、インターネットを通じて公表されることとなります。

● インボイス発行事業者の申請から登録まで

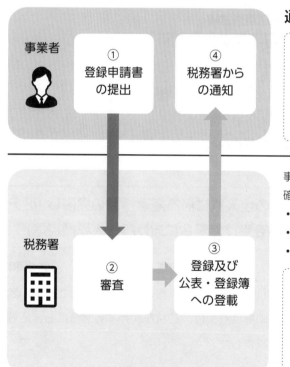

通知される登録番号の構成

- 法人番号を有する課税事業者
  T ＋ 法人番号
- 上記以外の課税事業者(個人事業者、人格のない社団等)
  T ＋ 13桁の数字

事業者は以下の事項をインターネットを通じて確認できます。

- インボイス発行事業者の氏名又は名称
- 登録番号、登録年月日(取消、失効年月日)
- 法人の場合、本店又は主たる事務所の所在地

上記の他、事業者から公表の申出があった場合
- 個人事業者：主たる屋号、事務所の所在地
- 人格のない社団等：本店等の所在地

第1-(3)号様式

国内事業者用

適格請求書発行事業者の登録申請書

【1／2】

収受印				
令和　　年　　月　　日	申請者	（フリガナ）		
		住所又は居所 （法人の場合） 本店又は 主たる事務所 の所在地	（〒　　－　　） ◎（法人の場合のみ公表されます） （電話番号　　　－　　　－　　　）	
		（フリガナ）		
		納　税　地	（〒　　－　　） （電話番号　　　－　　　－　　　）	
		（フリガナ）		
		氏名又は名称	◎	
		（フリガナ） （法人の場合） 代表者氏名		
＿＿＿＿＿＿税務署長殿		法　人　番　号		

　この申請書に記載した次の事項（ ◎ 印欄）は、適格請求書発行事業者登録簿に登載されるとともに、国税庁ホームページで公表されます。
1　申請者の氏名又は名称
2　法人（人格のない社団等を除く。）にあっては、本店又は主たる事務所の所在地
　なお、上記1及び2のほか、登録番号及び登録年月日が公表されます。
　また、常用漢字等を使用して公表しますので、申請書に記載した文字と公表される文字とが異なる場合があります。

　下記のとおり、適格請求書発行事業者としての登録を受けたいので、消費税法第57条の2第2項の規定により申請します。

事　業　者　区　分	この申請書を提出する時点において、該当する事業者の区分に応じ、□にレ印を付してください。 ※　次葉「登録要件の確認」欄を記載してください。また、免税事業者に該当する場合には、次葉「免税事業者の確認」欄も記載してください（詳しくは記載要領等をご確認ください。）。		
	□　課税事業者（新たに事業を開始した個人事業者又は新たに設立された法人等を除く。）		
	□　免税事業者（新たに事業を開始した個人事業者又は新たに設立された法人等を除く。）		
	□　新たに事業を開始した個人事業者又は新たに設立された法人等		
	□　事業を開始した日の属する課税期間の初日から登録を 　　受けようとする事業者 　　※　課税期間の初日が令和5年9月30日以前の場合の登録 　　　年月日は、令和5年10月1日となります。	課　税　期　間　の　初　日 令和　　年　　月　　日	
	□　上記以外の課税事業者		
	□　上記以外の免税事業者		

税　理　士　署　名	
	（電話番号　　　－　　　－　　　）

※ 税 務 署 処 理 欄	整理 番号		部門 番号		申請年月日	年　月　日	通　信　日　付　印 年　月　日	確認
	入力処理	年　月　日	番号 確認		身元 確認	□ 済 □ 未済	確認 書類　個人番号カード／通知カード・運転免許証 　　　その他（　　　　　　　）	
	登録番号	T						

注意　1　記載要領等に留意の上、記載してください。
　　　2　税務署処理欄は、記載しないでください。
　　　3　この申請書を提出するときは、「適格請求書発行事業者の登録申請書（次葉）」を併せて提出してください。

この申請書は、令和五年十月一日から令和十二年九月二十九日までの間に提出する場合に使用します。

国内事業者用

適格請求書発行事業者の登録申請書（次葉）

【2／2】

氏 名 又 は 名 称	

<table>
<tr><td rowspan="2">免税事業者の確認</td><td colspan="4">該当する事業者の区分に応じ、□にレ印を付し記載してください。</td></tr>
<tr><td colspan="4">□ 令和11年9月30日までの日の属する課税期間中に登録を受け、所得税法等の一部を改正する法律（平成28年法律第15号）附則第44条第4項の規定の適用を受けようとする事業者
※ 登録開始日から納税義務の免除の規定の適用を受けないこととなります。</td></tr>
</table>

事業内容等	個 人 番 号			
	生年月日（個人）又は設立年月日（法人）	1明治・2大正・3昭和・4平成・5令和 年 月 日	法人のみ記載	事業年度	自 月 日 至 月 日
				資 本 金	円
	事 業 内 容			登録希望日	令和 年 月 日

□ 消費税課税事業者（選択）届出書を提出し、納税義務の免除の規定の適用を受けないこととなる翌課税期間の初日から登録を受けようとする事業者
※ この場合、翌課税期間の初日から起算して15日前の日までにこの申請書を提出する必要があります。

翌課税期間の初日　令和　年　月　日

□ 上記以外の免税事業者

登録要件の確認	課税事業者です。 ※ この申請書を提出する時点において、免税事業者であっても、「免税事業者の確認」欄のいずれかの事業者に該当する場合は、「はい」を選択してください。	□ はい □ いいえ
	納税管理人を定める必要のない事業者です。 （「いいえ」の場合は、次の質問にも答えてください。）	□ はい □ いいえ
	納税管理人を定めなければならない場合（国税通則法第117条第1項） 【個人事業者】 国内に住所及び居所（事務所及び事業所を除く。）を有せず、又は有しないこととなる場合 【法人】 国内に本店又は主たる事務所を有しない法人で、国内にその事務所及び事業所を有せず、又は有しないこととなる場合	
	納税管理人の届出をしています。 「「はい」の場合は、消費税納税管理人届出書の提出日を記載してください。 消費税納税管理人届出書 （提出日：令和　年　月　日）」	□ はい □ いいえ
	消費税法に違反して罰金以上の刑に処せられたことはありません。 （「いいえ」の場合は、次の質問にも答えてください。）	□ はい □ いいえ
	その執行を終わり、又は執行を受けることがなくなった日から2年を経過しています。	□ はい □ いいえ

相続による事業承継の確認	相続により適格請求書発行事業者の事業を承継しました。 （「はい」の場合は、以下の事項を記載してください。）			□ はい □ いいえ	
	適格請求書発行事業者の死亡届出書	提出年月日	令和　年　月　日	提出先税務署	税務署
	被相続人	死亡年月日	令和　年　月　日		
		（フリガナ） 納 税 地	（〒　－　）		
		（フリガナ） 氏 名			
		登録番号	T		

参考事項	

❷ 登録の変更について

登録事項の変更

----

　❶で述べたようにインボイス発行事業者になるためには所轄税務署長にインボイス発行事業者の登録申請書を提出することになります。

　その登録申請した内容に変更があった場合には、速やかに「適格請求書発行事業者登録簿の搭載事項変更届出書」（次ページ）を提出することになります。

【参考】　次葉（2枚目）に特定国外事業者以外の国外事業者に関する項目があります（本書では2枚目は掲載を割愛しています。）。

● 変更の内容

> 1枚目
>
> ①変更年月日
>
> ②変更事項
>
> ・氏名又は名称
>
> ・法人…本店又は主たる事務所の所在地
>
> ・国外事業者…国内取引を行う事務所などの所在地

適格請求書発行事業者登録簿の登載事項変更届出書

<table>
<tr>
<td rowspan="7">収受印

令和　年　月日

＿＿＿＿＿ 税務署長殿</td>
<td rowspan="5">届

出

者</td>
<td>（フリガナ）</td>
<td colspan="2"></td>
</tr>
<tr>
<td>納　税　地</td>
<td colspan="2">（〒　　−　　　）

（電話番号　　　　−　　　−　　　）</td>
</tr>
<tr>
<td>（フリガナ）</td>
<td colspan="2"></td>
</tr>
<tr>
<td>氏　名　又　は
名　称　及　び
代　表　者　氏　名</td>
<td colspan="2"></td>
</tr>
<tr>
<td>法　人　番　号</td>
<td colspan="2">※　個人の方は個人番号の記載は不要です。</td>
</tr>
<tr>
<td></td>
<td>登　録　番　号</td>
<td>T</td>
<td></td>
</tr>
</table>

　下記のとおり、適格請求書発行事業者登録簿に登載された事項に変更があったので、消費税法第57条の2第8項の規定により届出します。

<table>
<tr>
<td rowspan="9">変

更

の

内

容</td>
<td>変　更　年　月　日</td>
<td>令和　　　　年　　　　月　　　　日</td>
</tr>
<tr>
<td rowspan="3">変　更　事　項</td>
<td>□　　氏名又は名称</td>
</tr>
<tr>
<td>□　　法人（人格のない社団等を除く。）にあっては、本店又は主たる事務所の所在地</td>
</tr>
<tr>
<td>□　　国外事業者にあっては、国内において行う資産の譲渡等に係る事務所、事業所その他これらに準ずるものの所在地
※　当該事務所等を国内に有しないこととなる場合は、次葉も提出してください。</td>
</tr>
<tr>
<td>変　更　前</td>
<td>（フリガナ）</td>
</tr>
<tr>
<td>変　更　後</td>
<td>（フリガナ）</td>
</tr>
<tr>
<td colspan="2">※　変更後の内容については、国税庁ホームページで公表されます。
　　なお、常用漢字等を使用して公表しますので、届出書に記載した文字と公表される文字とが異なる場合があります。</td>
</tr>
</table>

<table>
<tr>
<td>参　考　事　項</td>
<td></td>
</tr>
<tr>
<td>税　理　士　署　名</td>
<td>

（電話番号　　　　−　　　−　　　）</td>
</tr>
</table>

<table>
<tr>
<td rowspan="2">※税務署処理欄</td>
<td>整　理　番　号</td>
<td></td>
<td colspan="2">部　門　番　号</td>
<td></td>
<td colspan="2"></td>
</tr>
<tr>
<td>届出年月日</td>
<td>年　　月　　日</td>
<td>入　力　処　理</td>
<td>年　　月　　日</td>
<td>番　号　確　認</td>
<td></td>
</tr>
</table>

注意　1　記載要領等に留意の上、記載してください。
　　　2　税務署処理欄は、記載しないでください。

この届出書は、令和五年十月一日以後提出する場合に使用します。

個人事業者の登録

　屋号がリストランテ真田の真田幸村さんが大阪市天王寺区茶臼山町に店を構えていたとします。適格請求書発行事業者公表サイトには個人事業者の場合、「氏名」、「登録年月日」などしか公表されません。

　適格請求書発行事業者公表サイトに「屋号」や「店舗の所在地」を公表したい場合、「適格請求書発行事業者の公表事項の公表（変更）申出書」（別紙参照）を提出することにより、「屋号」、「店舗などの所在地」を公表することができます。

　この「適格請求書発行事業者の公表事項の公表（変更）申出書」は「適格請求書発行事業者の登録申請書」と同時に提出することができますので、「適格請求書発行事業者の登録申請書」を提出される際は、どのように公表するかご確認ください。

　法人の場合は、先述の「適格請求書発行事業者登録簿の登載事項変更届出書」になりますのでご注意ください。

適格請求書発行事業者の公表事項の公表（変更）申出書

令和　年　月　日	申出者	（フリガナ）		
		納　税　地	（〒　　－　　　）	
				（電話番号　　　－　　　－　　　）
		（フリガナ）		
		氏　名　又　は 名　称　及　び 代　表　者　氏　名		
＿＿＿＿＿ 税務署長殿		法　人　番　号	※　個人の方は個人番号の記載は不要です。	
		登　録　番　号	T	

国税庁ホームページの公表事項について、下記の事項を追加（変更）し、公表することを希望します。

新たに公表する事項	個人事業者	新たに公表を希望する事項の□にレ印を付し記載してください。		
		□　主　た　る　屋　号 □　複数ある場合 任意の一つ	（フリガナ）	
		□　主　た　る　事　務　所 の　所　在　地　等 〔複数ある場合 任意の一箇所〕	（フリガナ）	
		□　通　称 □　旧姓（旧氏）氏名 〔住民票に併記されている 通称又は旧姓(旧氏)に限る〕	いずれかの□にレ印を付し、通称又は旧姓(旧氏)を使用した氏名を記載してください。 □　氏名に代えて公表 □　氏名と併記して公表	（フリガナ）
	人格のない社団等	□　本　店　又　は　主　た　る 事　務　所　の　所　在　地	（フリガナ）	

変更の内容	既に公表されている上記の事項について、公表内容の変更を希望する場合に記載してください。	
	変　更　年　月　日	令和　　　年　　　月　　　日
	変　更　事　項	（個人事業者）　□　屋号　□　事務所の所在地等　□　通称又は旧姓(旧氏)氏名 （人格のない社団等）　□　本店又は主たる事務所の所在地
	変　更　前	（フリガナ）
	変　更　後	（フリガナ）

※　常用漢字等を使用して公表しますので、申出書に記載した文字と公表される文字とが異なる場合があります。

参　考　事　項	
税　理　士　署　名	（電話番号　　　－　　　－　　　）

※税務署処理欄	整　理　番　号		部　門　番　号		
	申出年月日	年　　月　　日	入力処理　　年　　月　　日	番号確認	

注意　1　記載要領等に留意の上、記載してください。
　　　2　税務署処理欄は、記載しないでください。

インボイス制度

❸ 課税事業者について

インボイス発行事業者の登録を受ける場合

　課税事業者のインボイス発行事業者の登録については、いつまでに登録をしなければ、この日からインボイス発行事業者になれませんということはありません。登録申請をすると随時登録されます。

　登録申請をしてから登録通知されるまで、e-Tax提出で約1か月、書面提出で2か月半ほどかかるようですので、登録する場合は早めに手続きをするようにしてください。

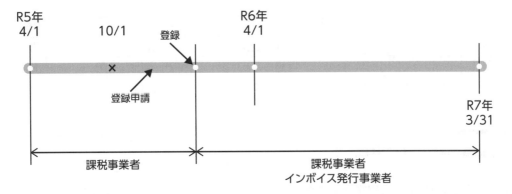

❹ 免税事業者について

インボイスを発行するためにはまず課税事業者になる必要がある

　インボイスを発行することができるのは、課税事業者に限られています。課税事業者になればインボイスを発行することができるわけではありません。インボイス発行事業者に登録する必要があります。

　免税事業者の方は、まず「消費税課税事業者選択届出書」を提出して、課税事業者になってください。

		インボイス発行事業者	インボイスの発行	申告
課税事業者になる必要がある →	課税事業者	登録できる	発行　可	要
		登録しない	発行　不可	要
	免税事業者	なれない	発行　不可	不要

免税事業者の登録手続

● 令和5年10月2日以後免税事業者がインボイス発行事業者になる場合

1．原則

　免税事業者が令和5年10月2日以後にインボイス発行事業者になる場合、登録申請書に「登録希望日」を記入することによりその登録希望日からインボイス発行事業者となれます。ただし、「登録希望日」は登録申請書の提出日から15日以後の日を記載するようにしてください。

　例えば、令5年12月1日を「登録希望日」とする場合、12月1日から15日前の日（11月16日）までに提出する必要があります。

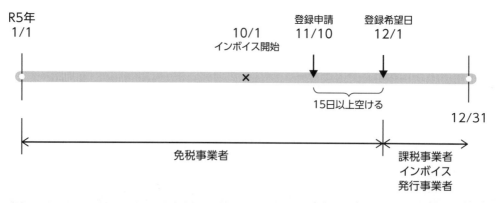

2．特殊なケース（令和6年3月17日に登録申請した場合）

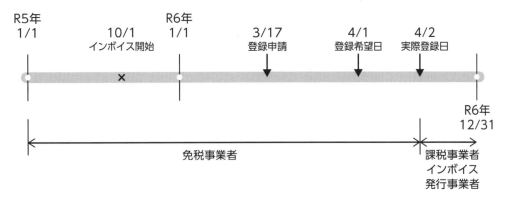

　仮に「登録希望日」を令和6年4月1日とした場合、普通であれば「登録希望日」の15日前の日までに提出することになりますから、15日前の日である令和6年3月17日（日）に登録申請したいところですが、休日のため登録申請できません。そのため令和6年3月18日が登録申請日になってしまいます。

　確定申告などの申告書や申請書の提出期限は、土曜日、日曜日、休日などであれば、提出期限が翌日が期限になります。しかし、この登録申請は「免税事業者に係る登録の経過措置」の適用を受けるケースになり、申請期限を定められていないため、休日などの翌日が申請期限となりません。3月18日に登録申請をしたことになり、登録日が令和6年4月2日となりが1日ずれてしまうことになります。

　令和6年4月1日を「登録希望日」にしたい場合は、令和6年3月15日までに登録申請をしなければなりませんので、ご注意ください。

インボイス発行事業者の登録に関する経過措置の適用期間の延長

　インボイス発行事業者の登録について、免税事業者が令和 5 年10月 1 日の属する課税期間中にインボイス発行事業者の登録を受けた場合は、登録を受けた日からインボイス発行事業者となることができる経過措置が設けられていますが、当該経過措置の適用期間が延長され、令和 5 年10月 1 日から令和11年 9 月30日までの日の属する課税期間においても、登録を受けた日からインボイス発行事業者となることができることとされました。【具体例 1 参照】

【具体例 1 】個人事業者又は12月決算法人の場合の課税期間中の登録

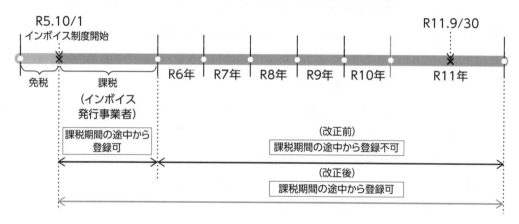

【用語の説明】

・課税期間…個人（ 1 月 1 日～ 12月31日）
　　　　　　法人（事業年度）

　この経過措置の適用を受けてインボイス発行事業者となった場合、登録を受けた日から 2 年を経過する日の属する課税期間の末日までは、免税事業者となることはできません（ただし、登録を受けた日が令和 5 年10月 1 日の属する課税期間中である場合を除きます。）。【具体例 2 参照】

【具体例２】個人事業者又は 12月決算法人が、経過措置により令和６年２月１日に登録を受け、令和７年９月30日に取消手続を行った場合の事業者免税点制度の適用制限期間

　この場合、令和８年12月末までは免税事業者となることはできませんので、登録の取消し手続 (注) を行ったとしても、売上高にかかわらず課税事業者となります。したがって、取消し後売上高が1,000円以下となり、免税事業者となることができるのは、令和９年以降となります。

(注)「適格請求書発行事業者の登録の取消しを求める旨の届出書」の提出が必要です。

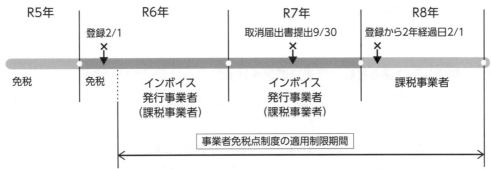

※適用開始時期　令和4年4月1日以後適用されます。

　また、上記経過措置の適用を受けた場合、延長された期間においても登録を受けた日の属する課税期間中に「消費税簡易課税制度選択届出書」を提出することにより、その課税期間から簡易課税制度（第４章）を適用することができます。

【用語の説明】
・基準期間の課税売上高…個人の場合：２年前の売上高
　　　　　　　　　　　　法人の場合：２期前の売上高

免税事業者が「消費税課税事業者選択届出書」を提出してインボイス発行事業者になる場合

　令和11年9月30日の属する課税期間の翌課税期間以後は、「免税事業者に係る登録の経過措置」の適用を受けることが出来ないため、免税事業者がインボイス発行事業者の登録を受けるためには、まず課税事業者になる必要があります。

　そのため、「消費税課税事業者選択届出書」を提出し、そしてインボイス登録事業者の登録申請にすることになります。（22ページの図）

(注) 原則として、「消費税課税事業者選択届出書」を提出した課税期間の翌課税期間から課税事業者となります。

1．免税事業者に係る登録の経過措置適用期間終了後に登録を受ける場合

　　　（例）3月決算の法人で、課税事業者となった課税期間の初日である令和12年4月1日から登録を受ける場合

　　　※この場合、「消費税課税事業者選択届出書」を提出し、課税事業者を選択するとともに課税事業者となる課税期間の初日の前日から起算して15日前の日までに登録申請書の提出が必要となります。

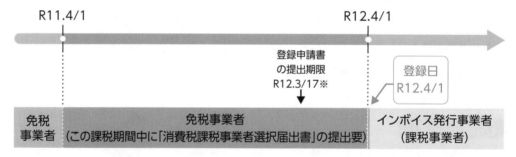

　　　※課税事業者となる課税期間の初日（令和12年4月1日）の前日（令和12年3月31日）から起算して15日前の日

インボイス発行事業者になると売上高1,000万円の判定はしない

　インボイス発行事業者になりますと、2年前の売上高が1,000万円以下であっても免税事業者に戻ることはできませんので、消費税の申告義務が生じることとなります。

❺ 簡易課税制度について

　第4章で詳しく説明をしますが、簡易課税制度は、2年前の売上高が5,000万円以下で、適用を受けようとする課税期間の初日の前日までに「消費税簡易課税制度選択届出書」を提出すると簡易課税制度の適用を受けることができます。

　免税事業者が令和5年10月1日から令和11年9月30日までの日に属する課税期間中にインボイス発行事業者の登録を受け、登録を受けた日から課税事業者になる場合（下記図）、その課税期間から簡易課税制度の適用を受ける旨を記載した「消費税簡易課税制度選択届出書」をその課税期間中に提出すれば、その課税期間から簡易課税制度の適用を受けることができます。

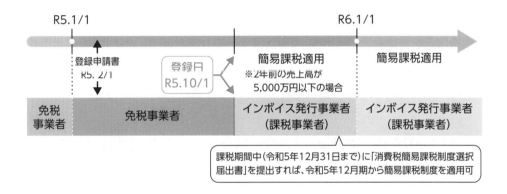

不動産賃貸業の場合は簡易課税の方が有利（詳細は第4章）

　不動産賃貸業を営んでいる場合の主な経費は、給与手当、租税公課（固定資産税）、支払利息（借入金の利子）、減価償却、保険料など課税仕入れとならない経費がほとんどです。また原則計算を採用した場合、課税売上割合（78ページ参照）が低いこともあり、消費税の納付税額が他の業種に比べて多額になるケースが多く見受けられます。

　そこで簡易課税制度を採用することにより、控除できる消費税の計算を売上げに係る消費税のみなし仕入率（40％）を適用することにより、原則計算を採用するよりも納付税額を減らすことができると思われます。

　簡易課税制度を採用するかどうかは、必ず納付税額の判定をするようにしてください。

❻ 新設法人・開業個人事業者について

　新設の法人が設立課税期間の初日また個人事業者が開業課税期間の初日からインボイス発行事業者の登録を受けようとする場合、その課税期間の末日までにその旨を記載した「適格請求書発行事業者の登録申請書」を提出することによって、その課税期間の初日から登録を受けられます。

設立課税期間が免税事業者である新設法人や個人事業者の場合

　資本金の額又は出資の金額が1,000万円未満の新設法人や個人事業者は、設立課税期間や個人の開業した課税期間は免税事業者となります。設立課税期間や開業した課税期間からインボイス発行事業者になるためには、まず課税事業者になる必要があります。そのため、「消費税課税事業者選択届出書」を提出する必要があります。そのため、「消費税課税事業者選択届出書」と「適格請求書発行事業者の登録申請書」を設立課税期間の末日までに提出することによって、その課税期間の初日から登録が受けられます。

● 資本金1,000万円未満の新設法人が令和11年11月11日に設立（3月決算）

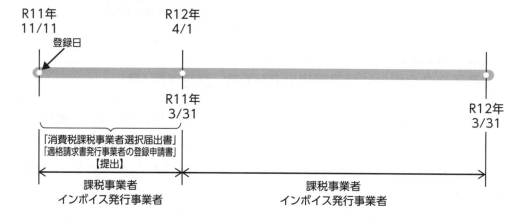

● 開業した個人事業者の場合

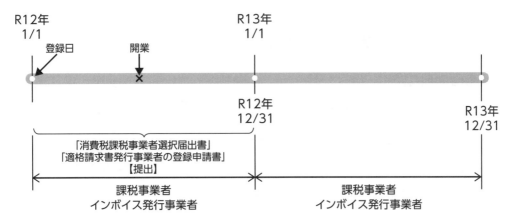

設立課税期間が課税事業者である新設法人の場合

　資本金の額又は出資の金額が1,000万円以上の新設法人などは、設立課税期間から課税事業者になります。この場合は、「適格請求書発行事業者の登録申請書」を設立課税期間の末日までに提出することによって、その課税期間の初日から登録が受けられます。

資本金1,000万円以上の新設法人が令和5年12月1日に設立(3月決算)

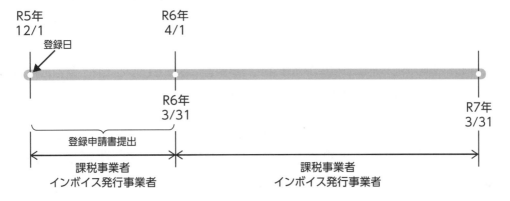

（3）インボイス発行事業者をやめる場合

❶ インボイス発行事業者と納税義務の関係

インボイス発行事業者になると課税売上高での納税義務判定は無視する

　インボイス発行事業者になるためには、まずは課税事業者になる必要があります。その次に「適格請求書発行事業者の登録申請書」を提出してインボイス発行事業者になります。「適格請求書発行事業者の登録申請書」を提出するということは、自ら課税事業者になるわけですから、2年前の売上高が1,000万円超か以下※という判定は必要なくなります。
※詳細は2章で説明します。

インボイス発行事業者で売上高1,000万円以下の場合、必要な手続きは特にない

　消費税の納税義務があるかどうかは2年前の売上高が1,000万円超か以下かで判定します。

　課税事業者が2年前の売上高が1,000万円以下になると「消費税の納税義務者でなくなった旨の届出書」を提出し、免税事業者が2年前の売上高が1,000万円を超えると「消費税の課税事業者届出書（基準期間用）」を提出していました。

　しかし、上記で述べたようにインボイス発行事業者になるということは、意図的に消費税の納税義務者になるわけですから、売上高では判定しません。

インボイス発行事業者をやめるためには「適格請求書発行事業者の登録の取消しを求める旨の届出書」の提出が必要

　取引の形態が変わりインボイスの交付が不要になったためにインボイス発行事業者である必要がなくなった場合は、「適格請求書発行事業者の登録の取消しを求める旨の届出書」を登録を取り消そうとする翌課税期間の初日から起算して15日前の日までに提出する必要があります。

課税事業者が「適格請求書発行事業者の登録の取消しを求める旨の届出書」の提出した場合の注意点

　インボイス発行事業者でなくなったとしても、2年前の売上高が1,000万円超の場合は、課税事業者として消費税の納税義務者には変わりがありませんので、ご注意ください。

「消費税課税事業者選択届出書」を提出した事業者が「適格請求書発行事業者の登録の取消しを求める旨の届出書」の提出した場合の注意点

　免税事業者がインボイス発行事業者になるために「消費税の課税事業者選択届出書」を提出して課税事業者になり、「適格請求書発行事業者の登録申請書」を提出した場合、登録をやめるために「適格請求書発行事業者の登録の取消しを求める旨の届出書」だけ提出したとしても、「消費税課税事業者選択届出書」の効力がいきていますので、課税事業者の状態です。

　そのため、「消費税課税事業者選択不適用届出書」を提出する必要がありますので、ご注意ください。

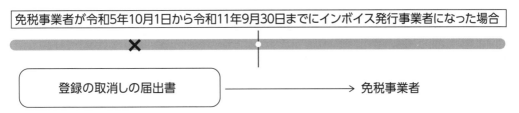

※「消費税課税事業者選択届出書」を提出していないので、「消費税課税事業者選択不適用届出書」を提出する必要がありません。

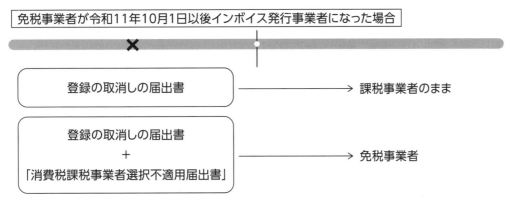

※「消費税課税事業者選択届出書」を提出して課税事業者になっているので、「消費税課税事業者選択不適用届出書」が必要になります。

ただし、令和5年10月1日から令和11年9月30日の属する課税期間中に免税事業者がインボイス発行事業者になった事業者がインボイス発行事業者をやめるためには「適格請求書発行事業者の登録の取消しを求める旨の届出書」の提出だけで2年前の売上高が1,000万円以下であれば免税事業者に戻ることができます。

　この期間中にインボイス発行事業者になった免税事業者は「消費税課税事業者選択届出書」を提出する必要がないからです。

❷ 登録を取り消すための手続き

「適格請求書発行事業者の登録の取消しを求める旨の届出書」を提出する際の注意点

　原則として、インボイス発行事業者の登録の効力を失う日は、この届出書を提出した日の属する課税期間の翌課税期間の初日となります。

「適格請求書発行事業者の登録の取消しを求める旨の届出書」の提出期限の注意点(課税事業者選択届出書の提出はない)

● 提出日が課税期間の末日の15日前よりも前の場合

　「適格請求書発行事業者の登録の取消しを求める旨の届出書」を提出日の属する課税期間の、末日よりも15日前の日よりも前に提出した場合は、提出日の翌課税期間から「適格請求書発行事業者」の効力を失います。

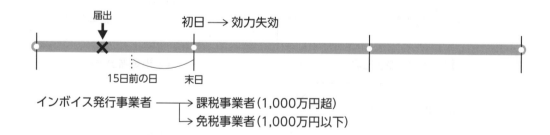

● 提出日が課税期間の末日の15日以後の場合

「適格請求書発行事業者の登録の取消しを求める旨の届出書」を提出日の属する課税期間の末日の15日前の日以後に提出した場合は、提出日の翌々課税期間からインボイス発行事業者の効力を失うことになります。

提出日によってインボイス発行事業者をやめることができる時期が異なってしまいますので、ご注意ください。

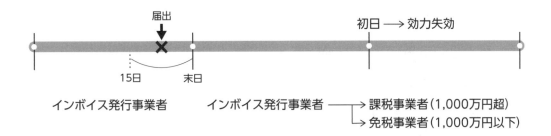

（4）税額計算の特例

売上げ・仕入れの税額（売上税額・仕入税額）の計算方法は、「割戻し計算」と「積上げ計算」の選択ができる

原則、消費税の納付税額を計算する方法は、「割戻し計算」が採用されています。

「割戻し計算」は、それぞれの課税期間の「売上げ」、「仕入れ」を一纏めにして計算をして、そこから消費税額部分を算出する方法をいいます。

令和5年10月1日以降の計算方法は、インボイス発行事業者については、原則の「割戻し計算」か「積上げ計算」の選択をすることができるようになりました。

なぜ、「積上げ計算」の選択ができるようになったかといいますと、それは、インボイスに消費税等の金額が記載されることになったからです。

それでは、次に、「割戻し計算」と「積上げ計算」の計算方法をみていきます。

「割戻し計算」

「割戻し計算」とは、それぞれの適用税率ごとの取引総額から消費税額を割り戻して計算する方法です。

計算方法としては、次のように計算します。

例 計算算式（売上げの課税標準額に対する消費税額の求め方）

(1) 課税標準額(国税部分の計算)

① 標準税率（10％）の税込課税売上高 $\times \dfrac{100}{110}$ ＝ ○○○(千円未満切捨)

② 軽減税率（ 8 ％）の税込課税売上高 $\times \dfrac{100}{108}$ ＝ ○○○(千円未満切捨)

③ ① ＋ ② ＝ ○○○

(2) 課税標準に対する消費税額

① 標準税率の課税標準額 × 7.8 ％＝○○○

② 軽減税率の課税標準額 × 6.24％＝○○○

③ ① ＋ ② ＝ ○○○

「積上げ計算」

「積上げ計算」とは、適格請求書に記載のある消費税額等を積み上げて計算する方法です。

例 計算算式（売上げの課税標準額に対する消費税額の求め方）

課税標準に対する消費税額(国税部分の計算)

① 標準税率

インボイス等に記載した消費税額等の合計額 $\times \dfrac{78}{100}$ ＝○○○

② 軽減税率

インボイス等に記載した消費税額等の合計額 $\times \dfrac{62.4}{100}$ ＝○○○

③ ① ＋ ② ＝ ○○○

売上税額の計算で「積上げ計算」を選択した場合仕入税額の計算では「割戻し計算」を選択できない

　インボイス発行事業者が売上税額の計算について「積上げ計算」を選択した場合、仕入税額も「積上げ計算」により計算しなければなりません。

　それは、売上税額を「積上げ計算」、仕入税額を「割戻し計算」で計算すると納税額が過少になってしまうからです。つまり、益税の問題が発生することになるからです。

● **計算方法の選択**

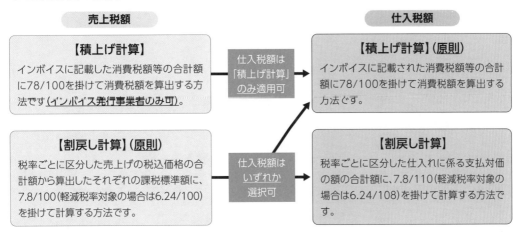

仕入税額の計算方法には、「帳簿積上げ計算」がある

　「帳簿積上げ計算の」計算方法は、課税仕入れの都度、課税仕入れに係る支払い対価の額に$\frac{10}{110}$（軽減税率の場合は$\frac{8}{108}$）を乗じて算出した金額（1円未満の端数が生じたときは、端数を切捨て又は四捨五入）を仮払消費税額等などとし、帳簿に記載（計上）している場合は、その金額の合計額に$\frac{78}{100}$を掛けて算出する方法です。

　インボイスから直接消費税額を集計する方法と帳簿から消費税額を集計する方法のいずれかを採用することができます。

「割戻し計算」の方が計算しやすい

　「積上げ計算」をした方が納付税額が少なくなりますが、手間を考えるとあまりメリットがありません。

第2章

納税義務と免税事業者

1 納税義務

（1）納税義務者

消費税を納める人のこと

消費税の納税義務者は国内取引と輸入取引で異なる

　消費税の納税義務者は、国内取引と輸入取引で大きく2つに分かれます。

　それぞれの取引に関して納税義務者は、次のように定められています。

　国内取引の納税義務者は事業者で、輸入取引は事業者・消費者問わず輸入したすべての人をいいます。

①国内取引の納税義務者	事業者は、国内において行った課税資産の譲渡等につき、消費税を納める義務がある。（消法5①）
②輸入取引の納税義務者	外国貨物を保税地域から引き取る者は、課税貨物につき、消費税を納める義務がある。（消法5②）

国内取引の納税義務者は事業者

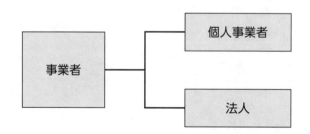

● 個人事業者の場合

　例えば、小売業や卸売業をしている人をはじめ、賃貸業や取引の仲介、運送、請負、加工、修繕、清掃、クリーニング、理容や美容といった業を営んでいる人はすべて事業者になります。さらに、医師、弁護士、公認会計士、税理士なども事業者になります。

　サラリーマンは事業者となりませんが、そのサラリーマンが副業で自己所有のマンションやビルを貸付けている場合は、「事業」を行っていますので、事業者となります。

● 法人の場合

　株式会社などの会社、国、都道府県や市町村、公共法人、宗教法人や医療法人などの公益法人など、法人はすべて事業者になります。なお、法人でない社団又は財団で、代表者又は管理人の定めがあるものは、法人とみなされることにより事業者となります。

申告期限は個人事業者は翌年3月31日、法人は翌事業年度末日の翌日2か月以内

　納税義務者になると申告納付をしなければなりません。

　個人事業者の場合はその年の翌年3月31日、法人の場合はその事業年度の末日の翌日から2か月以内までに申告納付しなければなりません。

❶ 個人事業者

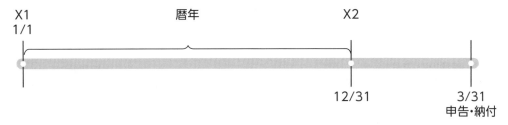

❷ 法人

※　法人税の確定申告書の提出期限の延長の特例を受けている法人が、「消費税申告期限延長届出書」を提出した場合、申告・納付期限を1か月延長することができます。

（2）納税義務の免除

納税義務の免除（免税事業者）は2年前の売上高が1,000万円以下

　国内取引の消費税の納税義務者は事業者となります。

　本来は、すべての事業者が納税義務者になるべきなのですが、消費税の申告をする事業者に対する事務負担や、税務当局がすべての事業者の申告書のチェック、税務調査、未納滞納者に対応するための人件費などの徴税コストを考えると、規模の小さい事業者に対してまで納税義務を強いるのは問題があるということで、規模の小さい事業者に対しては、納税義務を免除することとしています。

　では、規模の小さい事業者というのは、どういう事業者なのかといいますと、2年前の売上高が1,000万円以下の事業者をいいます。

　この納税義務を免除された事業者のことを「免税事業者」といいます。

納税義務の免除の注意点

　納税義務の免除の規定は、2年前の売上高が1,000万円以下の場合に、その課税期間について消費税の納税義務を免除するものですので、その課税期間の売上高が1,000万円以下の場合であっても、2年前の売上高が1,000万円を超えているときは、その課税期間の納税義務は免除されません。

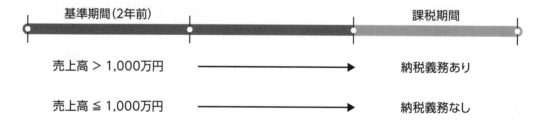

2 基準期間

当期の課税期間が、消費税の課税事業者となるか、免税事業者となるかの納税義務の判定は、基準期間における課税売上高で判定することとなります。

ここでは、基準期間とはどの期間をいうのかを説明していきます。

個人事業者	法　人
その年の前々年	その事業年度の前々事業年度

納税義務の判定を2年前の課税期間で判断するのかといいますと、2年前でないと売上高を確実に把握できないからです。

仮に課税期間が1月1日から12月31日とした場合、その課税期間の納税義務の判定をその課税期間の売上げで判断するとなるとその年の12月31日となります。判断することは不可能です。もしかすると規模の小さい事業者であれば、レジなどを閉めたタイミングで売上げがわかるかもしれません。しかし、大規模な法人などは12月31日の時点で1年間の売上げを把握することができません。

個人であれば翌年の3月15日の確定申告期限までには、法人であれば申告期限の2月末日までには、所得税・法人税の申告・納付をしますから、そこまでには売上げが確定しています。

1年前の売上げを把握できるのは、進行課税期間の中途になるわけです。その進行課税期間の中途で、課税事業者や免税事業者とわかっても困るわけです。

そのため、その課税期間の初日までに最新の売上高がわかるのは2年前ということになるわけです。

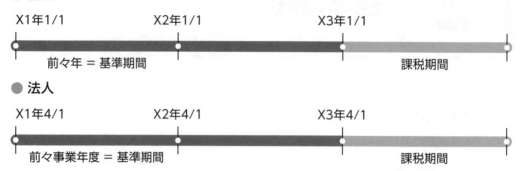

● 個人

X1年1/1	X2年1/1	X3年1/1	

前々年 ＝ 基準期間　　　　　　　　　　　　　　　　課税期間

● 法人

X1年4/1	X2年4/1	X3年4/1	

前々事業年度 ＝ 基準期間　　　　　　　　　　　　　課税期間

法人の前々事業年度が1年未満の場合

　法人の前々事業年度が1年未満の場合は、その事業年度開始の日の2年前の日の前日から同日以後1年を経過する日までの間に開始した各事業年度を合わせた期間が基準期間になります。

　例えば、1/1 ～ 12/31が事業年度であった法人がX2年4/1 ～ X3年3/31に事業年度を変更した場合、次の図のようになります。

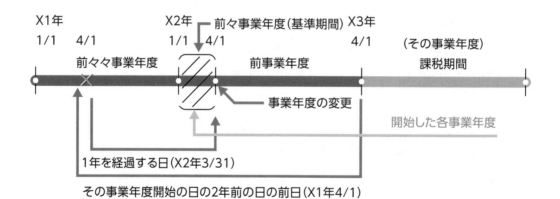

　つまり、X2年1/1 ～ 3/31が基準期間となり、基準期間は3か月となります。

3 基準期間における課税売上高
（2年前の売上高）

消費税の納税義務の判定は、2年前の売上高が1,000万円を超える場合課税事業者となり、1,000万円以下の場合免税事業者となります。

その課税売上高がどういうものなのかを見ていきます。

個人事業者、基準期間が1年である法人	基準期間が1年でない法人
2年前の売上高	$\dfrac{2年前の売上高 \times 12}{2年前の事業年度の月数（年換算します）}$

※月数は暦に従って計算をします。その月数が1か月に満たない場合は、1か月として計算します。例えば、2年前の事業年度が10月6日から3月31日とすると、6か月となります。（10/6 ～ 11/5、11/6 ～ 12/5、12/6 ～ 1/5、1/6 ～ 2/5、2/6 ～ 3/5、3/6 ～ 3/31）

※2年前の事業年度が1年でない法人の場合、年換算した金額が1,000万円を超えるか1,000万円以下になるかを判定することになります。後述していますが、個人事業者の場合は年換算しませんのでご注意ください。

2年前の売上高を計算する際の注意点

・税抜き金額で判定する

2年前の売上高は、税抜き金額が前提となります。

・輸出の売上高は含める

輸出の売上げは売上高に含めます。

・課税売上高は純売上高

2年前の売上高には、売上げに係る対価の返還等の金額は含みません。つまり純売上高で判定します。

売上げに係る対価の返還等とは、値引き、割戻し、販売奨励金、返品などをいいます。

・貸倒れとなった売上げは控除しない

貸倒れの事実が生じたため領収することができなくなった売上高は、2年前の売上高の

合計額から控除しません。

・算定単位は事業者単位で合算

　例えば、事業として食料品の販売を行っている事業者がその有する建物を事務所用として賃貸する場合のように、一の事業者が異なる種類の事業を行う場合又は2以上の事業所を有している場合は、それらの事業又は事業所の合計額により基準期間における課税売上高を算定します。

・2年前が免税事業者であった場合の課税売上高

　2年前が免税事業者であった事業者が、2年前に国内において行った課税資産の譲渡等（売上げ）については消費税等が課されていません。したがって、その事業者の2年前の売上高は税抜きにする必要はありません。

【用語の説明】
・課税資産の譲渡等…非課税取引以外の売上げ（譲渡、貸付け、役務の提供）

4 特定期間の課税売上高における納税義務の免除

　納税義務の判定は2年前の売上高が1,000万円を超えるかどうかで判定します。

　2年前の売上高が1,000万円以下の場合、納税義務が免除されます。

　ただし、特定期間の売上高が1,000万円を超える場合は、納税義務が免除されません。

　そもそも納税義務が免除されるのは、申告事務が煩雑なためすべての事業者に強いるのが問題であるので、規模が小さい事業者については免除しようというのが納税義務と免税事業者の制度の趣旨でした。

　しかし、開業してすぐにそれなりの売上げがあるのであれば、規模が小さいとはいえないので、納税義務を免除しませんよというのがこの規定の趣旨になります。

　納税義務の判定は、2年前の課税売上高で判定します。そのため、開業（設立）して2年間は売上高がないので免税事業者としていたわけです。

　開業（設立）して確実に2年間免税事業者となると、本来課税事業者であれば納税されていたはずの消費税を国は徴収する機会を失うこととなります。つまり、それは、益税という問題です。

　そこで、特定期間を設けて、ある課税期間の前半半年で納税義務を判定しようと考えたわけです。前半半年でそれなりの規模の法人であれば、納税する力があるでしょうということです。

事業者		特定期間
個人事業者		その年の前年1月1日から6月30日までの期間
法人	原則	その事業年度の前事業年度開始の日以後6か月の期間
	例外	・その事業年度の前事業年度が7か月以下……特定期間なし ・その事業年度の前事業年度開始の日以後6か月の期間の末日が 　月末でない場合……前月末日までの期間

ただし、特定期間の売上高に代えて、給与等の支払額で判定することができます。

　つまり、特定期間の売上高及び特定期間の給与等の支払額が1,000万円を超える場合に限り、納税義務が免除されないこととなります。

　結局、多くの事業者はその特定期間の給与を抑えることにより2年間免税事業者になっているとケースが多いです。

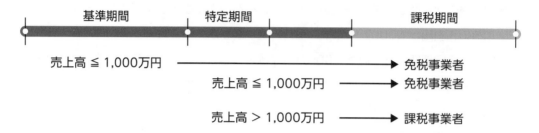

5 開業年・設立事業年度等の納税義務の免除

　納税義務の免除の判定は、2年前の売上高が1,000万円を超えるかどうかで判定します。
2年前に個人の開業した場合や法人を設立した場合はどうなるのでしょうか。

❶ 個人事業者の場合

　個人事業者の開業年、開業翌年については、2年前の売上高がありません（0円≦1,000万円）ので、納税義務は免除されます。

　法人の場合も同様設立1期目、設立2期目については、前々事業年度が存在しませんので、納税義務が免除されます。

　ただし、特定期間の売上高が1,000万円を超えると、2年目から課税事業者になる場合があります。

　個人事業者の3年目の納税義務の判定は、2年前の売上高で判定します。7月5日に開業した場合は7月5日から12月31日までの売上高で判定することとなりますが、個人の場合は、年換算をせずに、そのままの売上高と1,000万円とを比べます。

● 個人事業者の納税義務の判定

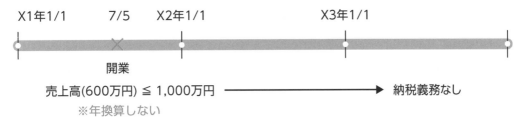

❷ 法人の場合

法人設立のハードルが下がった

　以前に比べて、法人を設立するためのハードルは下がりました。以前は、株式会社を設立しようとすると資本金が1,000万円、役員3名以上、監査役も必要など、資金も人材も必要でした。

　多くのビジネスを始めようとする方は、はじめは個人事業主として事業を始め、規模が大きくなると法人を設立するという方が多かったです。

　また、取引先から個人事業主ではなく法人を設立して法人として契約をしたいという取引先からの勧めで法人を設立される方も多いです。

個人事業者から法人化して2年間消費税を納めない

　個人事業の顧問先からの質問で、「法人化したい。法人にしたら消費税2年間払わなくていいんでしょ。」というのをよく聞きます。法人化するひとつのメリットです。

　個人で事業していた人が法人を設立して、その事業を法人に引き継ぐことを「法人成り」といいます。

　個人でも法人でも同じところで同じ事業をしているのにもかかわらず、消費税を納める必要がなくなるのかといいますと、個人事業者と法人は別人（別人格）となりますので、同じ事業をしていたとしても他人が事業をしていることになります。

　別人が事業をしていますので、消費税の納税義務の判定も法人として改めてすることとなります。

　法人を設立して2年間は、原則基準期間における課税売上高で判定することとなります。

　法人の基準期間は前々事業年度です。

　設立1期目、2期目は事業年度が存在しませんので、納税義務が免除されることとなります。

法人化のメリット、デメリットを把握する

　消費税の納税義務を2年間免除できるメリットがありますが、社会保険の強制加入などのデメリットもあります。しっかりとメリット、デメリットを考慮して最善の選択をするようにしてください。

　インボイス制度が開始したことにより法人設立2期の納税義務が免除のメリットがなくなったといってもよいでしょう。

法人は年換算をする

　3期目の納税義務の判定は、1期目の売上高で判断しますが、設立事業年度が1年に満たない場合は、年換算をして納税義務を判定します。個人事業者と異なるところです。

● 法人の納税義務の判定

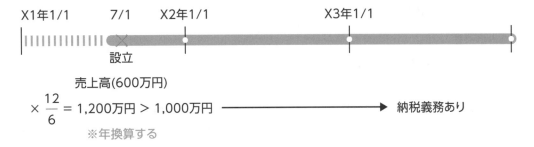

6 新設法人の納税義務の免除の特例

　先ほども説明をしましたが、法人を設立した場合、原則2期は納税義務が免除されます。

　ただし、設立時からある程度規模の大きい法人に関しては、納税義務の免除の特例が設けられています。

　設立事業年度と2期目事業年度の開始の日における資本金が1,000万円以上の場合です。

　資本金が1,000万円以上の場合は、設立1期目、2期目とも納税義務が免除されません。

　つまり、1期目から課税事業者となりますので、申告義務が発生します。

　資本金の額によっていきなり課税事業者になってしまい、先ほど説明しました2年間消費税を納めなくてもよかったのが、消費税を納めなくてはいけなくなってしまいます。

● 法人成りの納税義務

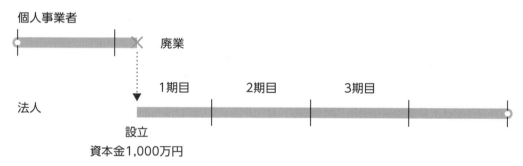

原則

　1期目、2期目は基準期間がありませんので、納税義務はありません。

特例

　1期目、2期目の事業年度開始の日の資本金が1,000万円以上になりますので、納税義務が免除されません。

　3期目以降は基準期間がありますので、2年前の売上高で判定します。1期目の売上高を年換算した金額が1,000万円以下である場合は、例え資本金が1,000万円以上であっても免税事業者となります。

　資本金による判定は、あくまでも1期目、2期目の特例となります。

第**3**章

消費税法上の
取引の分類

1 課税の対象

（1）概要

課税の対象は大きく2つ

　課税の対象とは、こういう取引に消費税を課けますということです。大きく分けると国内取引と輸入取引に分かれます。

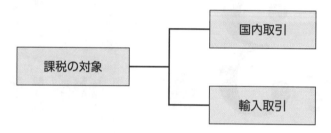

国内取引の課税の対象は4つの要件

　国内取引での課税の対象として、次の4つの要件を定めています。

①国内において行われる

②事業者が事業として行われる

③対価を得て行われる

④資産の譲渡、貸付け、役務の提供

※みなし譲渡
　・個人事業者の事業用資産の家事消費（飲食店のまかないなど）
　・法人の役員に対する資産の贈与

輸入取引の課税の対象は保税地域から引き取られる外国貨物

　輸入取引は個人事業者・法人だけではなく消費者であっても国外から輸入した場合、保税地域から引き取られる外国貨物に課税します。

（2）国内取引

国内取引の消費税の課税の対象になるための４要件を細かく見ていきます。

❶ 国内において行われる

まず1つ目の要件の「国内において行われている」かどうかです。そもそも、消費税は日本国内で消費されることに担税力を求めているわけですから、基本的に日本国内で資産の譲渡、貸付け、役務の提供が行われる必要があります。

● 内外判定の図

資産の譲渡・貸付け	譲渡又は貸付けが行われる時においてその資産が所在していた場所
役務の提供	・電気通信利用役務の提供である場合 …役務の提供を受ける者の住所等 ・上記以外の役務の提供 …役務の提供が行われた場所

● 資産の譲渡等が国内において行われたかどうかの判定

資産の種類	国内において行われたかどうかの判定
船舶、航空機	船舶・航空機の登録をした機関の所在地
鉱業権、租鉱権、採石権等	鉱区、租鉱区、採石場等の所在地
特許権、実用新案権、意匠権、商標権等	これらの権利の登録をした機関の所在地（同一の権利について二以上の国において登録をしている場合には、これらの権利の譲渡又は貸付けを行う者の住所地）
公共施設等運営等	公共施設等の所在地
著作権、出版権、著作隣接権、特別の技術による生産方式（ノウハウ）	譲渡又は貸付けを行う者の住所地
営業権、漁業権、入漁権	権利に係る事業を行う者の住所地
有価証券（ゴルフ場利用株式等を除く。）	有価証券が所在していた場所
登録国債	登録国債の登録をした機関の所在地
出資持分	持分に係る法人の本店、主たる事務所の所在地
金銭債権	金銭債権に係る債権者の譲渡に係る事務所等の所在地
ゴルフ場利用株式等	ゴルフ場その他の施設の所在地
上記以外の資産でその所在していた場所が明らかでないもの	資産の譲渡又は貸付けを行う者の当該譲渡又は貸付けに係る事務所等の所在地

● 役務の提供が国内において行われたかどうかの判定

役務の内容	国内において行われたかどうかの判定
国内外にわたって行われる旅客、貨物の輸送	旅客、貨物の出発地、発送地、到着地
国内外の地域にわたって行われる通信、郵便、信書便	発信地、受信地、差出地、配達地
保険	保険に係る事業を営む者の保険の契約の締結 に係る事務所等の所在地
専門的な科学技術に関する知識を必要とする調査、企画、立案、助言、監督又は検査に係る役務の提供で次に掲げるものの建設又は製造に関するもの	生産設備等の建設又、製造に必要な資材の大部分が調達される場所
金銭の貸付け	貸付けに係る事務所等の所在地
国内外にわたって行われる役務の提供が行われた場所が明らかでないもの	行為を行う者の事務所等の所在地

❷ 事業者が事業として

　次は、2つ目の要件である「事業者が事業として行われる」ものです。

　国内取引の消費税の納税義務者は事業者です。

　「事業者」とは、個人事業者（事業を行う個人）と法人をいいます。

　法人の場合はすべての行為を事業としていますが、個人事業者の場合は、事業者の立場と消費者の立場があります。

　個人事業者の「事業として」とは、「同種の行為を反復、継続かつ独立して遂行すること」をいいますので、単発的な行為は事業とはいいません。

　自宅の売却は、反復、継続していませんので事業とは言えないということです。

　事業で使用している車両を売却した場合はどうなるのでしょうか。

　反復、継続していませんが事業に付随している行為として事業をします。

　サラリーマンがたまたま自家用車を手放す行為などは、事業として行う行為とはなりません。

　それらを図式にしたのが、次の図となります。

● 事業者の範囲

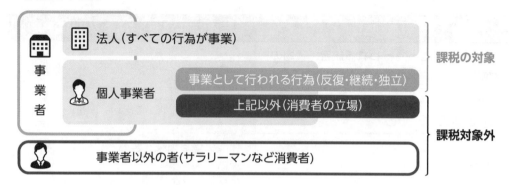

❸ 対価を得て行われる

次は、3つ目の要件の「対価を得て行われる」ものです。

「対価を得て行う」とは、資産の譲渡などをして反対給付として対価を受けることをいいます。

その反対給付は金銭の受取りだけとは限りませんのでご注意ください。

課税の対象となる取引

消費税がかかる取引！

● 反対給付のある取引

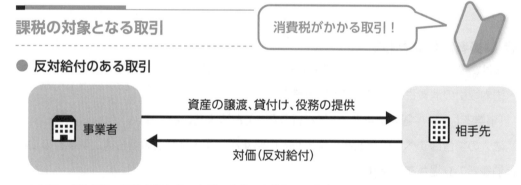

※交換、代物弁済、現物出資などの金銭の支払いを伴わない資産の引き渡しでも、何らかの反対給付が
　あるものは、対価を得て行われる取引になりますので、課税の対象となります。
※負担付き贈与についても対価を得て行われる取引になります。

● みなし譲渡

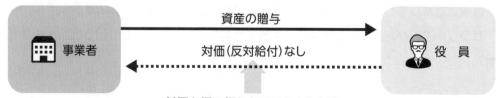

※個人事業者が事業で販売する商品などを家庭で使用したり消費した場合や、法人が自社製品などをそ
　の役員に贈与した場合には、対価を得て行われたものとみなして、課税の対象となります。

課税の対象とならない取引

消費税がかからない取引！

● 対価を得ていない取引

① 試供品、見本品の提供など

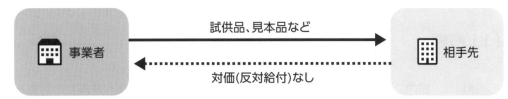

② 寄附金、補助金、損害賠償金など

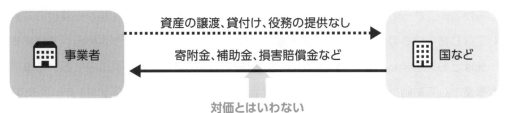

● 対価を得て行うものに該当しない取引の例

内　容	理　由
給与・賃金・退職金	雇用契約に基づく労働の対価であり、「事業」として行う資産の譲渡等の対価に当たりません。
寄附金、祝金、見舞金、補助金等	一般的に対価として支払われるものではありません。
保険金や共済金	資産の譲渡等の対価とはいえません。 ※損害などを受けたことによる逸失に対する補填のため
株式の配当金など	株主などの地位に基づいて支払われるものであるため、対価として支払われるものではありません。

❹ 資産の譲渡、貸付け、役務の提供

　次は4つ目の要件である「資産の譲渡、貸付け、役務の提供」です。

　「資産の譲渡等」とは、事業として有償で行われる商品や製品などの販売、資産の貸付け及びサービスの提供をいいます。

　❸ 対価を得て行われるものと ❹ 資産の譲渡、貸付け、役務の提供とは表裏一体です。

（3）輸入取引

　保税地域から引き取られる外国貨物が課税の対象となります。

　外国から日本に輸入されるものは日本で消費されるので課税していくということです。

2 非課税取引

（1）概要

　消費税は、国内において事業者が事業として対価を得て行われる取引を課税の対象としています。

　しかし、これらの取引であっても消費に負担を求める税としての性格から課税の対象としてなじまないものや、社会政策的配慮から課税しない非課税取引が定められています。

　先ほども述べましたが、消費税の課税の対象となる国内取引は、「国内において事業者が事業として対価を得て行われる資産の譲渡及び貸付け並びに役務の提供」をいいます。

　この要件に該当する取引すべてが課税の対象となるわけです。普通であれば、こういう取引に課税しますと規定しますが、取引が多すぎて限定することができません。

　つまり法律上の明文規定として、具体的な取引の例示などは規定されていません。

　逆に、非課税取引を限定列挙することによって、それ以外の取引については課税取引として消費税を課税していくことにしています。

● **消費税の課税対象取引と非課税取引のイメージ図**

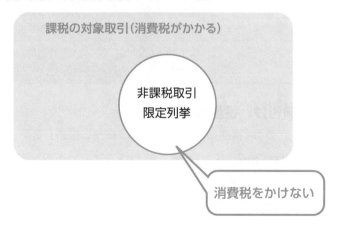

● 非課税取引の一覧

非課税	税の性格上課税の対象になじまない取引	● 土地の譲渡及び貸付け
		● 有価証券等の譲渡
		● 銀行などの利子
		● 保険料
		● 郵便切手類、印紙、証紙の譲渡
		● 物品切手等の譲渡
		● 行政手数料　　　など
	社会政策配慮から課税しない取引	● 診療報酬など（自由診療除く）
		● 助産に係る資産の譲渡
		● 埋葬料、火葬料
		● 身体障害者用物品の譲渡等
		● 教育に関する役務の提供（授業料、入学金など）
		● 教科用図書の譲渡・住宅の貸付け　　　など

（2）土地の譲渡及び貸付け

土地の譲渡・貸付けは非課税、建物の譲渡・貸付けは課税

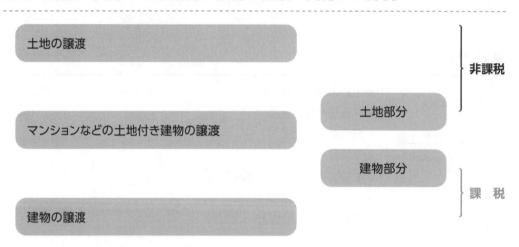

　実物の土地だけではなく、借地権を譲渡した場合もその借地権の売却取引は非課税となります。また、借地権に係る更新料や名義書換料も、土地の上に存する権利と同じと考えますので非課税となります。

● 土地の貸付けの取扱い

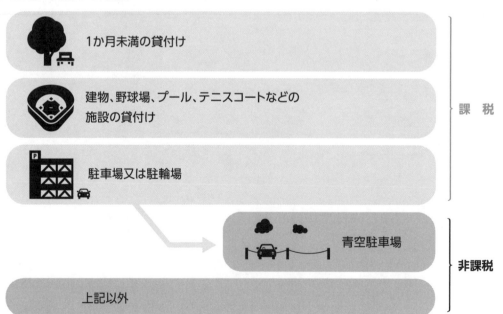

（3）有価証券・支払手段の譲渡等

● 有価証券の範囲

・国債（地方債）
・社債
・株券
・投資委信託などの受益証券
・コマーシャルペーパー（CP）
・譲渡性預金証書　　など

非課税

上記に類するもの
・発行されていない有価証券
・社員持分、出資持分
・貸付金、預金、売掛金その他金銭債権

・船荷証券、倉荷証券
・預託の形態によるゴルフ会員権

課　税

● 支払手段の範囲

・銀行券、政府紙幣、硬貨
・小切手（旅行小切手含む）など
・約束手形
・電子マネー
・暗号資産、仮想通貨

非課税

（4）利子を対価とする貸付金等

お金の貸し借りは非課税

　金銭の貸し借りは「消費」の性格上なじみませんので、非課税となります。

　非課税の取引としては、国債、貸付金、預貯金などの利子、手形の割引料、割賦手数料などがあります。

保険料・共済掛金は非課税

　保険や共済はいざというのは基本的に起きないということを前提としているので、多くの加入者はそのサービスの提供を受けないわけですから、消費しているとは言えません。そのため、保険料は非課税となります。

保険代理店報酬は課税取引

　保険料などを対価とする取引は非課税ですが、保険代理店が保険会社から受け取る代理店報酬は、保険会社の代わりに保険商品を販売する役務の提供の報酬となりますので、課税取引となります。

保険金、共済金は課税対象外

　保険金、共済金は新進や資産に加えられた損害により受ける金銭等になりますので何かの役務の提供をしたことによる対価ではありませんので、課税の対象とはなりません。

● 保険に関する課税関係

信用の保証料 保険料・共済掛金	保険代理店報酬	保険金
↓	↓	↓
非課税	**課　税**	**課税対象外**

● 非課税となる取引の一例

- 貸付金、預貯金などの利子
- 信用の保証料
- 保険料、共済掛金
- 手形の割引料
- 割賦販売などによる資産の譲渡等に係る利子又は保証料
- いわゆるファイナンス・リースに係るリース料のうち利子又は保証料相当額（契約において利子又は保証料の額が明示されている部分）

（5）郵便切手類等及び物品切手等の譲渡

郵便切手類や印紙は非課税

　郵便切手類や印紙は、日本郵便（郵便局）などや印紙売りさばき所などで譲渡される場合に限って、非課税となります。

租税公課である印紙は非課税

　日本郵便などで購入できる印紙は、印紙税として租税公課に該当します。税金には消費税をかけることができませんので、非課税となります。

印紙代が課税取引になる場合がある

　郵便局などで印紙を購入した場合は、非課税となりますが、同じ租税公課として仕訳される印紙の購入取引であっても、金券ショップで購入した場合は、課税の対象となります。

　理由は、金券ショップが印紙売りさばき所に該当しないからです。

　印紙については金券ショップで購入した方が納付税額は少なくなります。

商品券（物品切手等）の譲渡は非課税

　デパートなどで販売している商品券、プリペイドカードなどは、物品切手等に該当しますので、商品券の譲渡は非課税となります。

デパートなどが発行する商品券（物品切手等）は課税対象外

　デパートが商品券を発行した場合は、売上げではなく預り金としての取扱いになりますので、課税対象外取引となります。

　消費税の消費というのは、譲渡されたモノが消費されたかどうかがポイントになりますので、商品券やプリペイドカードを譲渡したタイミングで、消費（使う）はまだされていません。商品券やプリペイドカードを使って何かモノを購入し、そこで初めて消費されると考えます。

つまり、商品券やプリペイドカードは本来現金で支払うものを現金ではない違う支払手段に両替したものと同じということなのです。

贈答した商品券代は非課税取引

取引先に謝礼としてデパートで商品券を購入してその商品券を取引先に渡した場合は、購入者側では交際費として処理をすることとなります。その際に消費税の処理は課税取引ではなく非課税取引となります。

謝礼として受け取った取引先がその商品券で課税資産を購入したときに取引先が課税資産を購入し、消費することとなりますので、課税資産に対して課税されることとなります。

● 購入者側の立場での課税と非課税の判定

課税取引	非課税取引・課税対象外
切手等を使って郵便・ハガキを送る	
（例外）切手の購入（継続適用を条件）	（原則）切手の購入
金券ショップでの印紙の購入	印紙売りさばき所での印紙の購入
商品券を使った課税資産の購入	贈与のための商品券の購入

（6）行政手数料等・外国為替業務等

❶ 行政手数料等

　公共的に行われる取引について課税するのは、社会政策的な配慮から非課税となります。公共的なサービスはそもそもすでに徴収されている税金で行われているわけですから、そのサービスに税金が課されるのは国民心情的によくないということです。

❷ 外国為替業務等

　外国為替業務として、海外に銀行を通して送金する際の送金手数料、銀行で日本円から外貨に両替する際の両替手数料、トラベラーズチェック（旅行小切手）の発行手数料などがありますが、これらの費用が非課税となります。

● 購入者側の立場での課税と非課税の判定

課税取引	非課税取引・課税対象外取引
・登記のための司法書士費用 ・役所でのコピー機の利用によるコピー代	・登記費用、謄本の発行手数料 ・住民票、印鑑証明書等の手数料 ・税務署での課税証明の手数料 ・パスポート発給手数料
・銀行等での振込手数料 ・残高証明書発行手数料	・外国送金手数料 ・両替手数料 ・トラベラーズチェック（旅行小切手）の発行手数料
・定額小為替の購入手数料	・定額小為替の購入代

（7）医療の給付等、埋葬料・火葬料

　医療に関しては、社会政策的な配慮から非課税となっています。人の生死に関わるものに消費税はかけないでおこうということです。ただし、最低限の部分ですから、贅沢な部分には課税がされます。ですから、すべての医療が非課税になるわけではなく、こちらについても限定列挙されています。

　埋葬料・火葬料など人の生き死にに関して非課税となりますが、すべてが非課税ではなく、火葬場で行われる火葬の役務提供などが非課税となります。

● 購入者側の立場での課税と非課税の判定

課税取引	非課税取引・課税対象外取引
・差額ベッド代 ・給食の差額部分 ・健康診断費用（人間ドック） ・インフルエンザなどの予防接種 ・人工妊娠中絶 ・美容整形 ・インプラント治療 ・診断書作成費用 ・容器代、松葉杖使用料、薬袋代などの備品の購入費用 ・家電量販店などで販売されている健康器具 ・歯科矯正に係る費用 ・墓石代 ・寺や霊園の管理料	・医療費 ・入院時のベッド代・給食 ・人工妊娠中絶（死産や流産などの異常分娩） ・寺の永代使用料（土地の貸付け）

（8）住宅の貸付け

住宅の貸付けは非課税取引

　住むという行為は、人の生活に必要不可欠なものと考えられているため非課税となります。

　人がその場所で生活の用に供していることが前提ですから、短い期間の場合は生活の用に供しているとは言えませんので課税となります。

住宅の貸付けは1か月以上の場合非課税取引

　短い期間かどうかの判定は、1か月以上かどうかになります。1か月以上の場合は非課税となりますが、1か月未満の場合は課税取引となります。

ホテルで1か月以上滞在しても課税取引

　ホテルや旅館に1か月以上滞在していれば非課税になるのかというとそういうわけではありません。

事務所や店舗の貸付けは課税取引

　事務所や店舗のような居住用のものではないものの貸付けは課税となります。

● **家賃、共益費の判定**

内　容	消費税の判定
事務所・店舗等の貸付けに係る家賃、共益費	課税取引
土地の貸付け、住宅の貸付けに係る家賃、共益費	非課税取引

● **権利金、礼金、更新料の判定**

内　容	消費税の判定
事務所・店舗等の貸付けに係る権利金、礼金、更新料	課税取引
住宅の貸付けに係る権利金、礼金、更新料	非課税取引

● **敷金、保証金等の返還不要部分の取扱い**

	収入計上時期
原則	課税対象外取引(預かり金)
契約時点で返還されない金額が確定する場合	契約時に返還され部分の金額が収入として計上（事務所等は課税、住宅用は非課税　以下同じ）
賃貸期間の経過により、返還しない部分が増加する場合	返還不要が確定した課税期間において、確定部分を収入として計上
賃貸期間の経過により、返還しない部分が減少する場合（10%部分は返還）	返還しない10%部分は契約時に収入として計上その後、実際に返還不要が確定した課税期間をもって残り部分を収入として計上

3 輸出免税

消費税が課税される取引は、課税の対象となる取引のうち、非課税取引（前節）を除いた取引となります。

つまり、非課税以外の取引は消費税がかかってきます。

しかし、上記の取引の中には国外へ資産が出てしまう取引や国内と国外に渡って行われる役務の提供などの取引も含まれています。

あくまでも、消費税は国内で消費されることに担税力を持たせた税金ですから、例えば、外国人観光客が日本で購入した家電製品などを国外に持ち出した場合においても、日本人が日本で購入した様に日本の消費税を課税していいのかという問題があります。

● **輸出免税の範囲の図**

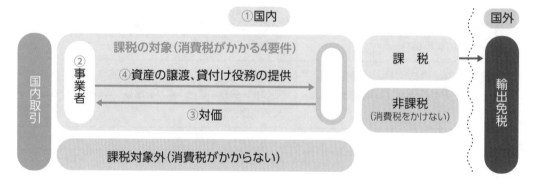

● 輸出免税取引の範囲

- ●本邦からの輸出として行われる資産の譲渡、貸付け
- ●外国貨物の譲渡、貸付け
- ●国内及び国外にわたって行われる旅客、貨物の輸送
- ●外航船舶等の譲渡、貸付け
- ●国内と国外、国外と国外との間の貨物の輸送の用に供されるコンテナーの譲渡、貸付け、修理
- ●外航船舶等の水先、誘導等の役務の提供
- ●外国貨物の荷役、運送、保管、検数又は鑑定等の役務の提供
- ●国内と国外との間の通信、郵便、信書便
- ●無形固定資産等の譲渡又は貸付け
- ●非居住者に対する役務の提供で次に掲げるもの以外のもの

  ①…国内に所在する資産に係る運送又は保管　　②…国内における飲食又は宿泊

  ③…①又は②に準ずるもので国内において直接便益を享受するもの

第 4 章

仕入税額控除

1 原則計算

（1）計算体系

その課税期間の消費税の納付する基本的な計算方法は、次のようになります。

納付する消費税額 ＝ 売上げに係る消費税額 － 仕入れに係る消費税額（課税仕入れ等の税額）　売上げに係る対価の返還等に係る消費税額　貸倒れに係る消費税額

仕入れに係る消費税を計算する算式は、

国内において行った課税仕入れに係る消費税額 ＋ 保税地域から引き取られる課税貨物に課された消費税額 ＝ 課税仕入れ等の税額

となります。

● 仕入れに係る消費税額

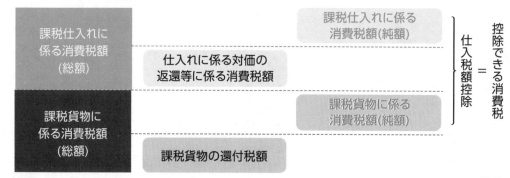

課税仕入れに係る消費税額は課税仕入れに係る支払対価の額（支払った金額）に$\frac{7.8}{110}$$\left(\frac{6.24}{108}\right)$を乗じた金額になります。

保税地域から引き取られる課税貨物に係る消費税額に関しては、輸入申告書に消費税と地方消費税の金額が記載されています。

売上げに係る対価の返還等に係る消費税額と貸倒れに係る消費税額については後述します。

● 控除税額の計算の図

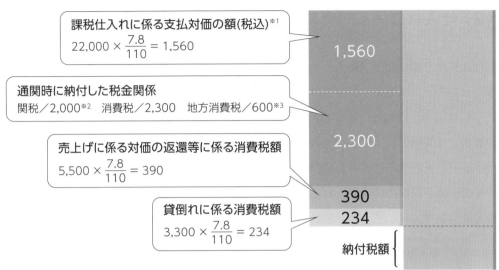

課税仕入れに係る支払対価の額(税込)※1
$22,000 × \frac{7.8}{110} = 1,560$

1,560

通関時に納付した税金関係
関税／2,000※2　消費税／2,300　地方消費税／600※3

2,300

売上げに係る対価の返還等に係る消費税額
$5,500 × \frac{7.8}{110} = 390$

390

234

貸倒れに係る消費税額
$3,300 × \frac{7.8}{110} = 234$

納付税額

※1 旧税率の場合は$\frac{6.3}{108}$
　　軽減税率の場合は$\frac{6.24}{108}$

※2 関税は消費税ではありませんから、計算では使用しません。原価計算には関税は商品の原価に含めますので、ご注意ください。

※3 消費税の計算上は使用しませんが、会計ソフトへの入力は合計した金額を入力します。ただし、会計ソフトによって入力方法が異なりますので、ご注意ください。

● 仕入税額控除の計算体系

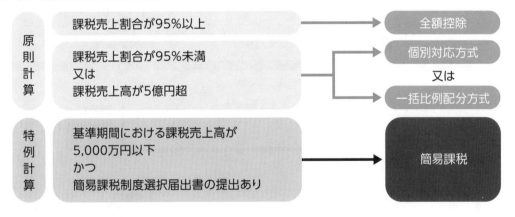

原則計算	課税売上割合が95%以上	全額控除
	課税売上割合が95%未満 又は 課税売上高が5億円超	個別対応方式 又は 一括比例配分方式
特例計算	基準期間における課税売上高が5,000万円以下 かつ 簡易課税制度選択届出書の提出あり	簡易課税

【用語の説明】

・課税売上割合…全体の売上げのうち課税となる売上げの占める割合
　（（3）で説明）

・仕入税額控除…売上げに係る消費税から控除できる仕入れに係る消費税

（2）仕入れに係る対価の返還等

　仕入先から課税商品を購入した際、不良品などがあったため返品をしたり、商品に欠陥があったことによる値引きを受けたり、大量に課税商品を購入したことに伴い割引を受けたりした場合、課税仕入れから直接返品額、値引額、割引額を控除したいところですが、消費税では総額で売上げや仕入れを把握することとしていますので、仕入れは仕入れ、返品は返品と把握することとしています。

　そのため、総額の課税仕入れに係る消費税額から返品などがあったことによる消費税額を控除します。

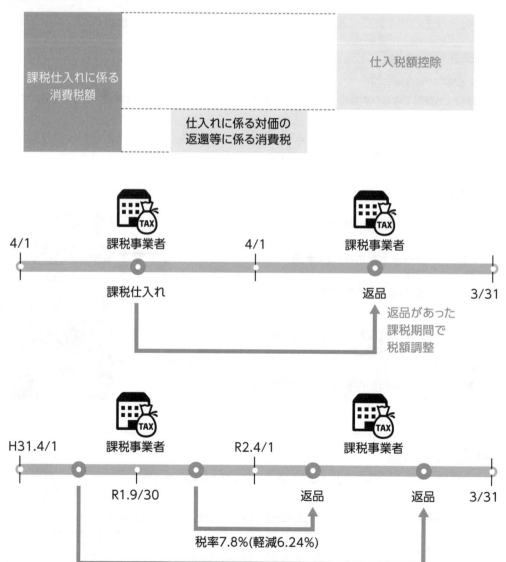

仕入れに係る対価の返還等の範囲

　返品、値引き、割戻しの他、販売奨励金や仕入割引についても仕入れに係る対価の返還等に該当します。

　仕入割引は会計の考え方では受取利息の性格があると考えていますが、消費税では値引きと同じ扱いをするということとなりますので、ご注意ください。

仕入先から受け取る販売奨励金などの取扱い

　仕入先が販売促進の目的で販売奨励金等の対象とされる課税資産の販売数量、販売高等に応じて取引先から金銭により支払を受ける販売奨励金等は、仕入れに係る対価の返還等に該当します。

輸入品に係る仕入割戻しの取扱い

　保税地域からの引取りに係る課税貨物について、当該課税貨物の国外の購入先から当該課税貨物の購入に係る割戻しを受けた場合の当該割戻しは、仕入れに係る対価の返還等に該当しません。あくまでも国外の購入先とのやりとりは国外取引ですから支払った消費税はありませんので、仕入れに係る対価の返還等に該当しません。

　非課税仕入れについても同様です。

免税事業者のときの課税仕入れに係る対価の返還等の取扱い

　免税事業者のときに仕入れたときの返品や値引きについては、税額控除の対象となりません。免税事業者のときに消費税は負担をしていてもその税額に対して税額控除を受けていませんので、それに対する返品や値引きがあっても適用しません。

　同様に課税事業者であった課税期間において課税仕入れをしたときの返品などを免税事業者の課税期間にしてもその課税期間において確定申告を行わないわけですから適用されません。

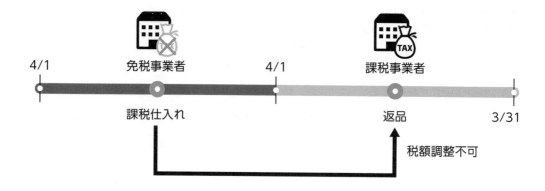

債務免除があった場合の取扱い

　事業者が課税仕入れの相手方に対する買掛金その他の債務の全部又は一部について債務免除を受けた場合における当該債務免除は、仕入れに係る対価の返還等に該当しません。

　債務免除益は値引きなどと性格が異なりますので、税額調整の対象となりません。

（3）課税売上割合

　消費税の計算は、売上げに係る消費税がある取引に対応する課税仕入れに係る消費税があるのであれば控除するという考え方です。

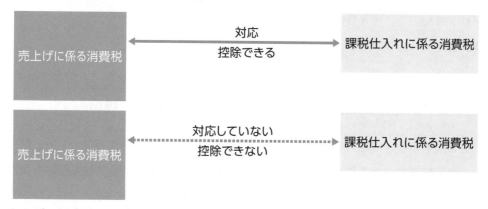

　売上げに係る消費税がない課税仕入れについて、支払った消費税があっても、預かった消費税と対応して支払った消費税ではないため控除はできません。

　すべての取引が預かった消費税があるのか、ないのか、預かった消費税に対応する仕入れなのか、そうではないのかというようにすべての取引を一つひとつ判断していくのはとても煩雑です。

　そこで、その事業者（個人事業者、法人）の事業の売上構成で厳密にその課税仕入れを

課税売上げに対応しているのかを判断する必要があるのか、大まかに判断してもいいのかを「課税売上割合」を使ってひとつの判断としています。

　ほとんどの売上げが課税売上高なのであれば、課税仕入れもその課税売上げに対応していると判断して、課税仕入れに係る消費税額を全額売上げに係る消費税額から控除することができます。

　そのほとんどの売上げが課税売上高とするかどうかの判定は、全体の売上高のうち95％以上が課税売上高であれば、それはほとんどとしましょうということとして判定します。

　課税売上割合が95％未満であれば、預かった消費税がない取引も結構含まれていますので、その分の課税仕入れに係る消費税は控除しません。その場合には、取引を細かく見ていくことになります。

課税売上割合

$$= \frac{課税資産の譲渡等の対価の額の合計額}{資産の譲渡等の対価の額の合計額}$$

$$= \frac{課税売上高（税抜）＋輸出免税売上高}{課税売上高（税抜）＋輸出免税売上高＋非課税売上高}$$

● 課税売上割合の計算は事業者単位

　課税売上割合の計算は、事業者単位で行いますので、事業所や事業部単位で計算することはできません。

● 免税事業者時の課税売上げの値引きなどの対応

　免税事業者であった課税期間中に行った課税売上げの値引きなどが課税事業者の課税期間中に行われた場合は、免税事業者の時には預かった消費税はありませんので、値引き額全額を計算に関係させます。

● 国外において行われる資産の譲渡は無視する

　課税売上割合の計算は国内において行う資産の譲渡等、課税資産の譲渡等の対価の額を計算に関係させますので、国外の資産の譲渡等は課税売上割合の計算には含めません。

売った金額の５％

● 有価証券の譲渡は譲渡対価の５％

　特に売買目的の有価証券は売買を繰り返して利益を得ることを目的としています。有価証券の売却を繰り返すとその分非課税売上げが増大していきます。そうなると必然的に課税売上割合は低下していきます。

　そういう特殊性を考慮して、課税売上割合を計算する場合、譲渡対価の５％を対価の額としています。

　売掛金、貸付金などの金銭債権の譲渡も上記の計算方法に準じます。

● 合資会社、合名会社、合同会社、共同組合等の持ち分の譲渡対価の額はそのままの金額

　合資会社などの持ち分は、頻繁に売買するものではありませんので、譲渡対価の額を課税売上割合の譲渡対価の額とします。

● ゴルフ場利用株式はそもそも有価証券から除外している

　ゴルフ場利用株式に関しては消費税法上有価証券から除外しており、ゴルフ場利用株式は課税取引に該当しますので、譲渡対価の額を税抜きにした金額が課税売上割合の対価の額となります。

有価証券等の種類	課税売上割合の算入方法
・支払手段の譲渡 ・暗号資産の譲渡 ・資産の譲渡等の対価として取得した債権（売掛債権）	計上しない
・株式(ゴルフ場利用株式を除く) ・貸付金、預金、売掛金その他の金銭債権（資産の譲渡等の対価として取得した債権除く）	譲渡対価の額×５％
国債等やCD、CP現先取引債券等売戻し差額が益のとき	益部分を含める
売戻し差額が損のとき	損部分を控除する

（4）個別対応方式と一括比例配分方式

　課税売上割合が95％未満である場合や、課税売上高が5億円超の場合には、本来の消費税の考え方として、その課税仕入れが課税売上げに対応しているものであれば、課税売上げに係る消費税額から控除することとなっています。しかし、その課税仕入れのうち、課税売上げに対応していないものがあれば、それは、控除できません。

　その方法として、個別対応方式と一括比例配分方式の2つの方法があります。

● 個別対応方式

　個別対応方式は、一つひとつの課税仕入れを行ったときに、課税売上げになるための課税仕入れなのか、非課税売上げになるための課税仕入なのか、若しくは両方にかかる課税仕入れなのかを判断する方法です。

● 一括比例配分方式

　一括比例配分方式は、その課税期間中の課税仕入れを一纏めにして、課税売上相当額に対応する課税仕入れを比例配分して課税売上高に係る課税仕入れを計算する方法です。

　ここで注意していただきたいのが、まず、

① 課税仕入れなのかそうでないのかの判断を行います。

　つまり支払った消費税があるのかどうかを判断します。

② 個別対応方式か一括比例配分方式のいずれかの方法で仕入税額控除の計算をします。

ⅰ 課税売上対応に係る課税仕入れについては、その課税仕入れに係る消費税額が全額控除できます。

ⅱ 非課税売上対応に係る課税仕入れについては、その課税仕入れに係る消費税額が全額控除できません。

ⅲ 共通対応に係る課税仕入れについては、その課税仕入れに係る消費税額のうち課税売上割合相当額分控除できます。

● 個別対応方式と一括比例配分方式の控除可能な範囲

　控除できる消費税の計算方法として個別対応方式と一括比例配分方式があります。経理の事務手数を考えると個別対応方式はかなり煩雑な作業となりますので、経理担当者のスキルも必要となります。

　事業の規模が大きければ、企業内税理士や簿記の知識を持っている経理担当者を抱えることができますが、中小規模の事業者にはそういうわけにはいきません。

　そのような場合には、煩雑な判断を要する個別対応方式よりも簡便な計算方法である一括比例配分方式を採用することができます。

　ただし、一括比例配分方式を採用した場合は2年継続して採用しなければなりません。

　事業者の都合で今期は一括比例配分方式を採用して、次期は個別対応方式をして、またその次の期は一括比例配分方式というようにコロコロ変えないようにするために一度決めたら、最低2年間は同じ方法で計算することになっています。

　また、後述します簡易課税制度を適用した場合も2年間の継続適用が要件となりますので、そのバランスをとるためにも2年間の継続適用としています。

　あくまでも2年間連続して一括比例配分方式を採用するということを要件としていますので、仮に、2年目の課税期間の課税売上割合が95％以上になった場合は、その2年目の課税期間でも一括比例配分方式を採用したと考えます。3年目の課税期間からは個別対応方式と一括比例配分方式の有利選択ができるようになります。

（5）棚卸資産の調整

❶ 免税事業者から課税事業者

　消費税は売上げに係る消費税から仕入れに係る消費税額を差し引いて納付税額を計算します。免税事業者の課税期間中に仕入れた棚卸資産は、納税義務がないため売上げに係る消費税から仕入れに係る消費税を控除していません。その棚卸資産が売れた場合、控除がされないまま売上げに係る消費税額を納付することとなります。

　もし、その棚卸資産が課税事業者であった課税期間中に購入して、売却されたら、その差額分を納税すればいいのですが、控除がされないまま売上げに係る消費税を納税するのは、公平性に欠けることになります。そこで、免税事業者であった課税期間中の棚卸資産については課税事業者になった課税期間に購入したとみなして控除することができます。

● 免税事業者から課税事業者になった場合

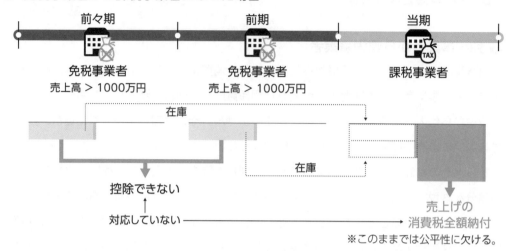

前々期　　　　　　　　前期　　　　　　　　当期

免税事業者　　　　　免税事業者　　　　　課税事業者
売上高 > 1000万円　　売上高 > 1000万円

在庫

在庫

控除できない

対応していない　　　　　　　　　　　　　　　　　　売上げの
　　　　　　　　　　　　　　　　　　　　　　　消費税全額納付
　　　　　　　　　　　　　　　　　　　　※このままでは公平性に欠ける。

● ずっと課税事業者の場合

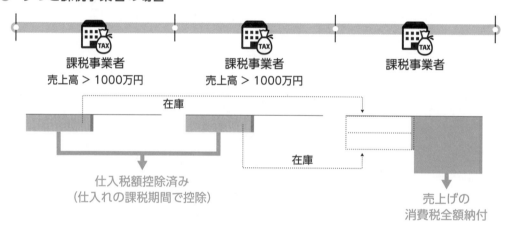

課税事業者　　　　　課税事業者　　　　　課税事業者
売上高 > 1000万円　　売上高 > 1000万円

在庫

在庫

仕入税額控除済み
（仕入れの課税期間で控除）

売上げの
消費税全額納付

● 棚卸資産の調整

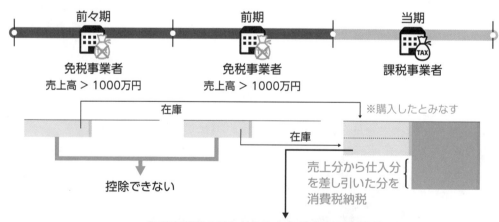

前々期　　　　　　　　前期　　　　　　　　当期

免税事業者　　　　　免税事業者　　　　　課税事業者
売上高 > 1000万円　　売上高 > 1000万円

在庫　　　　　　　　　　　　　　※購入したとみなす

在庫

控除できない　　　　　　　　　　売上分から仕入分
　　　　　　　　　　　　　　　を差し引いた分を
　　　　　　　　　　　　　　　消費税納税

免税事業者の時に仕入れた在庫を課税事業者になった
課税期間(3年目)に仕入れたとみなして控除できる

❷ 課税事業者から免税事業者

　課税事業者の課税期間に購入した棚卸資産はその課税期間で売却されていようがなかろうが売上げに係る消費税から控除できます。

　免税事業者になった課税期間は納税義務がありませんので、課税事業者で控除済みの棚卸資産が免税事業者の課税期間中に売却されるとその棚卸資産の売上げに係る消費税を納税しないという問題がでてきます。

　そこで免税事業者になる直前の課税期間で課税事業者の時に仕入れた棚卸資産をその課税期間の仕入れから控除することにより調整をします。

　課税事業者から免税事業者になるときの棚卸資産の調整が漏れると確実に税務署から連絡が来ます。消費税の申告が過少になっていますので修正申告の対象となります。

　逆に免税事業者から課税事業者になったときの棚卸資産の調整が漏れても税務署から更正の請求を促す連絡がくるとは限りません。

　修正申告をすることにより、過少申告加算税や延滞税がかかってきますのでご注意ください。

　そのためにも納税義務の課税状況の確認をする必要があります。2年前の売上高が1,000万円以下になることにより、免税事業者になりますが、免税事業者になる課税期間の末日までに「消費税課税事業者選択届出書」を提出すれば課税事業者になることができます。

　また、過去に「消費税課税事業者選択届出書」を提出していた場合、2年前の売上高が1,000万円以下であってもその課税期間は課税事業者となります。

　棚卸資産の調整をしなければならないのかどうかの判断を誤らないために、消費税の納税義務者になったのは「消費税課税事業者選択届出書」を提出したことによるものなのか、2年前の売上高が1,000万円を超えることによってなったのか把握しておく必要があります。

● 課税事業者から免税事業者になる場合

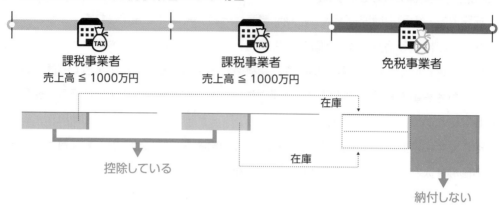

課税事業者
売上高 ≦ 1000万円

課税事業者
売上高 ≦ 1000万円

免税事業者

在庫

控除している

在庫

納付しない

● 棚卸資産の調整

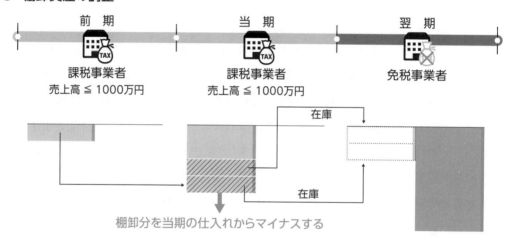

前　期

当　期

翌　期

課税事業者
売上高 ≦ 1000万円

課税事業者
売上高 ≦ 1000万円

免税事業者

在庫

在庫

棚卸分を当期の仕入れからマイナスする

2 簡易課税

（1）概要

　消費税の納付額の計算は、とても煩雑です。特に控除の対象になるのかならないのかを判定し、課税売上割合が95％未満の場合、個別対応方式を採用しているのであれば、課税売上対応、非課税売上対応、共通対応に分類する必要があります。

　すべての取引をひとつずつ判断することが必要になってきます。ある程度大きな規模の法人であれば、企業内税理士や経理担当者がいて会計の知識のある方に経理を任せることができますが、中小事業者については、代表者自ら事業もしながら経理など総務的なことまでしていることもあるでしょう。そのような規模の小さい事業者にまでその煩雑な方法で消費税の納付額の計算を強いるのは大変であるということで、簡便な方法として簡易課税制度が設けられました。

　どんな規模であっても売上げを把握していない事業者はいません。そこで、売上げに係る消費税額に仕入率を乗じて計算した金額を仕入れに係る消費税額として控除をする特例計算が設けられています。それが簡易課税制度です。

簡易課税制度を適用できる事業者は規模が小さい

　簡易課税制度の適用を受けることができるのは、

① **2年前の**売上高が5,000万円以下**であること**

② **適用を受けようとする**課税期間の前課税期間の末日までに「消費税簡易課税制度選択届出書」を所轄税務署長に提出**していること**

に該当する事業者になります。

5,000万円以下の判定は、基準期間の課税売上高

　「消費税簡易課税制度選択届出書」を提出している事業者は、2年前の売上高が5,000万円以下であれば簡易課税制度の適用を受けることができますので、その課税期間の売上高が5,000万円を超えていたとしても問題ありません。

　もちろんその2年後の課税期間では2年前の売上高が5,000万円を超えていますので、たとえ「消費税簡易課税制度選択届出書」の提出があったとしても簡易課税制度の適用を受けることができません。

控除できる消費税の計算方法

控除できる消費税
＝
売上げの消費税×みなし仕入率

> 控除対象仕入税額＝課税標準に対する消費税額×みなし仕入率

　売上げを下記の6つの事業に区分します。そしてそれぞれの事業ごとの売上げに係る消費税額にそれぞれの事業区分に該当する仕入率を乗じて仕入税額控除の計算をします。

● みなし仕入率

事業区分	みなし仕入率	該当事業
第一種事業	90%	卸売業
第二種事業	80%	小売業
第三種事業	70%	製造業、建設業など
第四種事業	60%	その他（主に飲食店業）
第五種事業	50%	サービス業など
第六種事業	40%	不動産業

● **各種事業の注意点**

第一種事業…卸売業

　他の者から購入した商品を、その性質や形状を変更しないで他の事業者に販売する事業。小売業を営んでいたとしても、事業者に販売したものは第一種事業になります。

第二種事業…小売業

　他の者から購入した商品を、その性質や形状を変更しないで販売する事業で第一種事業以外の事業。

　卸売業を営んでいたとしても、消費者に販売したものは第二種事業になります。

※令和元年10月1日以後、軽減税率の対象となる食用の農林水産物の生産については第二種事業に区分されます。

第三種事業…農業、林業、漁業、鉱業、建設業、製造業（製造した棚卸資産を小売する事業を含む。）、電気業、ガス業、熱供給業及び水道業農業製造業、建設業など

第五種事業…運輸通信業、金融業及び保険業、サービス業（飲食店業に該当するものを除く。）

第六種事業…不動産業

第四種事業…その他（主に飲食店業）

　　加工賃を対価とする製造業、建設業など

　　飲食店業事業用資産の売却など

※卸売業者、小売業者が不要段ボール箱などを売却した場合は第一種事業又は第二種事業に区分することが認められています。

（2）2種類以上の事業を営む場合

❶ 原則

　卸売業を営んでいても、事業者に対して販売したものは第一種事業、消費者に販売したものは第二種事業となります。この場合の計算方法は、それぞれの業種別の売上げに係る消費税額にそれぞれの仕入率を適用して計算した税額を業種別の売上げに係る消費税額の合計額で除した割合（平均みなし仕入率）を用いて計算します。

❷ 特例Ⅰ

　小売業を営んでいる事業者がたまたま所有している事業用の車両を売却した場合、第二種事業と第四種事業の2種類の事業を営むことになりますので、通常であれば原則の計算方法で行います。

しかし、たまたまのケースのときまで原則計算をするのは事業者にとって計算が煩雑になりますので、特例が設けられています。

ひとつの事業で全体の売上高のうち75％以上を占めている場合については、その事業しか行っていなかったとみなして計算をすることができます。

❸ 特例Ⅱ

卸売業も小売業もしている事業者がたまたま所有している事業用の車両を売却した場合、第一種事業、第二種事業、第四種事業の3種類の事業を営んでいることになります。

それぞれの業種の売上高の割合が、第一種事業は60％、第二種事業は35％、第四種事業は5％とします。

特例Ⅰには該当していませんが、特定2事業（今回であれば第一種事業と第二種事業）で75％を占めています。

この場合、特定2事業だけしか行っていないとみなして計算することができますので、第四種事業は第二種事業として計算することになります。

最終的には事業者にとって有利な方法を採用すればよいことになります。

● 計算方法

① 原則

$$
\text{売上げに係る消費税額} \times \frac{\text{第一種事業の消費税額} \times 90\% + \text{第二種事業の消費税額} \times 80\% + \cdots}{\text{売上げに係る消費税額の合計額}}
$$

※売上げに係る消費税額は、返品などに係る税額を控除した純売上高 に対する消費税額になります。

② 特例Ⅰ

$$
\text{売上げに係る消費税額} \times \text{75％以上の特定事業のみなし仕入率}
$$

③ 特例Ⅱ

$$
\text{売上げに係る消費税額} \times \frac{\text{特定2事業のうち仕入率の高い事業の消費税額} ⓑ \times \text{高い事業のみなし仕入率} + (ⓐ - ⓑ) \times \text{低い事業のみなし仕入率}}{\text{売上げに係る消費税額の合計額} ⓐ}
$$

3 小規模事業者に係る税額控除に関する経過措置（2割特例）

概要

　インボイス制度を機に免税事業者からインボイス発行事業者として課税事業者になる事業者については、売上げの消費税から控除できる消費税の金額を、特別控除税額（純売上（値引き控除後）の消費税の80/100に相当する金額）とすることができます（いわゆる2割特例）。

● **計算イメージ**

《2割特例》

売上げに係る消費税額×8割　40万円	売上げに係る消費税額　50万円

納付税額
50万円－40万円
＝10万円

《実際》

仕入れに係る消費税　30万円	売上げに係る消費税額　50万円

納付税額
50万円－30万円
＝20万円

※実際に売上げに係る消費税額が50万円で仕入れに係る消費税額が30万円で納付税額が20万円であっても、2割特例を選択した場合納付税額10万円となります。

2割特例は元々免税事業者に限られる

　2割特例は、インボイス制度を機に免税事業者からインボイス発行事業者として課税事業者になる事業者が対象です。

　したがって、2年前の売上高が1,000万円を超える事業者、資本金1,000万円以上の新設法人など、インボイス発行事業者の登録と関係なく事業者免税点制度の適用を受けないこととなる場合や、課税期間を1か月又は3か月に短縮する特例の適用を受ける場合などについては、2割特例の対象とはなりません。

2割特例は期間が決まっている

　2割特例を適用できる期間は、令和5年10月1日から令和8年9月30日までの日の属する各課税期間となります。

・免税事業者である個人事業者が令和5年10月1日から登録を受ける場合

　令和5年分（10月から12月分）の申告から令和8年分の申告までの計4回の申告が適用対象範囲となります。

・免税事業者である3月決算法人が令和5年10月1日から登録を受ける場合

　令和5年10月から令和6年3月の申告から令和8年期の申告までの計4回の申告が適用対象範囲となります。

2割特例事前の手続き不要

　2割特例の適用する場合、事前の届出は必要なく、消費税の申告時に消費税の確定申告書に2割特例の適用を受ける旨を付記することで適用を受けることができます。

　また、2割特例を適用して申告した翌課税期間において継続して2割特例を適用しなければならないといった制限はなく、課税期間ごとに2割特例を適用して申告するか否かについて判断することができます。

2割特例を適用するに当たっての注意点

　2割特例は、免税事業者（「消費税課税事業者選択届出書」の提出により課税事業者となった免税事業者を含みます。）がインボイス発行事業者となる場合にインボイス発行事業者の令和5年10月1日から令和8年9月30日までの日の属する各課税期間において、適用することができます。

　また、課税事業者がインボイス発行事業者となった場合であっても、インボイス発行事業者となった課税期間の翌課税期間以降の課税期間について、2年前の売上高が1,000万円以下である場合には、原則として、2割特例の適用を受けることができます。

　なお、令和5年10月1日から令和8年9月30日までの日の属する課税期間であっても、以下の場合は、2割特例の適用を受けることはできません。

・「消費税課税期間特例選択（変更）届出書」の提出により、課税期間を1か月又は3か月に短縮している課税期間（当該届出書の提出により一の課税期間とみなされる課税期間を含みます。）

・令和5年10月1日より前から「消費税課税事業者選択届出書」の提出により引き続き課税事業者となる同日を含む課税期間（例：令和4年12月に「消費税課税事業者選択届出書」と合わせて「適格請求書発行事業者の登録申請書」を提出し、令和5年1月から消費税の課税事業者となった個人事業者）

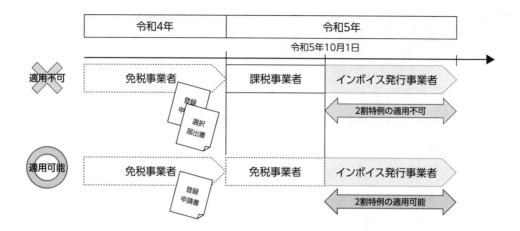

※上記のように令和4年中に「消費税課税事業者選択届出書」と合わせて「適格請求書発行事業者の登録申請書」を提出し、令和5年1月から消費税の課税事業者となった事業者については、令和5年10月1日より前から消費税の課税事業者であることから、2割特例の適用を受けることができません。

　そのため、「適格請求書発行事業者の登録申請書」を提出した事業者の方で、「消費税課税事業者選択届出書」の提出により令和5年10月を含む課税期間から課税事業者となる事業者については、当該課税期間中に「消費税課税事業者選択不適用届出書」を提出することにより、消費税課税事業者選択届出書の効力を失わせる措置が設けられています。

　これにより、上記例の場合、令和5年12月31日までに「消費税課税事業者選択不適用届出書」を提出することで、令和5年1月から9月分の納税義務が免除されることになり、令和5年10月からインボイス発行事業者となりますので、2割特例を適用することができるようになります。

　2割特例は、原則課税と簡易課税のいずれを選択している場合でも、適用することが可能です。そのため、簡易課税制度の適用を受けるための「消費税簡易課税制度選択届出書」を提出していたとしても、申告の際に2割特例を適用することが可能です。

「2割特例」後に簡易課税制度を選択する場合

　免税事業者がインボイス発行事業者の登録申請を行った場合、登録を受けた日から課税事業者となることができる経過措置が設けられています。この経過措置の適用を受ける場合、登録開始日を含む課税期間中に「消費税簡易課税制度選択届出書」を提出することにより、その課税期間から簡易課税制度を適用することができます。

2割特例を適用した課税期間後の簡易課税制度の選択

　2割特例の適用を受けたインボイス発行事業者が、2割特例の適用を受けた課税期間の翌課税期間中に、「消費税簡易課税制度選択届出書」を提出したときは、その提出した日の属する課税期間から簡易課税制度の適用を受けることができます。

（例：個人事業者が3年間の経過措置期間が終了する翌課税期間において、簡易課税制度を適用する場合）

（例：個人事業者の基準期間における課税売上高が1,000万円を超える課税期間がある場合）

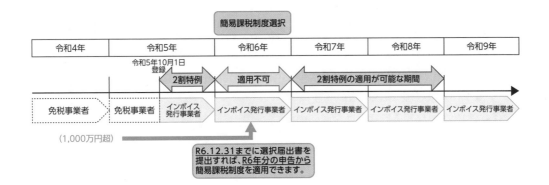

4 帳簿及び請求書等の保存義務

　売上げに係る消費税から仕入れに係る消費税を控除するためには、帳簿と請求書等の保存が必要です。

　帳簿は、あなた(事業者)が作成し、請求書は仕入先や購入先から受け取る証票です。

　帳簿と請求書等を照らし合わせることにより、その取引が実際存在していたことが証明できることにより、仕入れに係る消費税の控除が認められます。

　ポイントは、

①誰から？　②いつ？　③何を？　④いくらで？　⑤誰に？

の情報が必要です。

（1）帳簿とは

　帳簿とは、現金出納帳、預金出納帳、経費帳、総勘定元帳、仕訳帳などが帳簿をいいます。

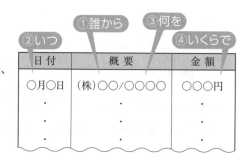

　帳簿とは、次に掲げる帳簿をいう。

　課税仕入れ等の税額が課税仕入れに係るものである場合には、次に掲げる事項が記載されているもの（消法30⑧）

　① 課税仕入れの相手方の氏名又は名称

　② 課税仕入れを行った年月日

　③ 課税仕入れに係る資産又は役務の内容

　④ 課税仕入れに係る支払対価の額

（2）請求書等とは

請求書とは、請求書、納品書、領収証などの書類をいいます。

> 請求書等とは、次に掲げる書類をいう。
> 事業者に対し課税資産の譲渡等を行う他の事業者が、当該課税資産の譲渡等につき当該事業者に交付する請求書、納品書その他これらに類する書類で次に掲げる事項が記載されているもの（消法30⑨）
> ① 書類の作成者の氏名又は名称
> ② 課税資産の譲渡等を行った年月日
> ③ 課税資産の譲渡等に係る資産又は役務の内容
> ④ 課税資産の譲渡等の対価の額
> ⑤ 書類の交付を受ける当該事業者の氏名又は名称

※小売業、飲食店業やタクシー、バス、鉄道などの業種は、①から④までの事項
不特定多数の者(客)を相手する業種はその都度相手の名前を聞いて領収証になどに記載するのは手間なので、省略が認められています。

課税標準

（1）国内取引の課税標準

消費税の税額は、課税標準に税率を掛けて計算をします。

課税標準 ＝ 税抜売上げ × 税率 ＝ 消費税の税額

上記算式の課税標準は、税抜きの売上高（値引きなど控除後）となります。

税抜きの売上高とは、取引の金額（受け取った金額）をいいます。

この取引の金額は、金銭で受け取るものに限らず、金銭以外の物や権利その他経済的利益の額など、対価として受け取るすべてのものが含まれます。また、上記の課税標準となる対価の額には、消費税相当額及び地方消費税相当額は含まれません。

次の場合には、それぞれの金額が課税標準になりますので注意が必要です。

①法人が自社商品などをその役員に贈与したり、著しく低い価額で譲渡した場合	その自社商品の時価
②個人事業者が、自分が販売する商品などを家庭で使用したり消費した場合	その商品などの時価
③代物弁済をした場合	代物弁済により消滅する債務の額
④資産を交換した場合	交換により取得する物品の時価 (交換差金を受け取る場合はその金額を加算した金額とし、交換差金を支払う場合はその金額を控除した金額となります。)

（2）課税標準に対する消費税額（売上げの消費税）

　課税標準に対する消費税額の計算は、税込経理方式・税抜経理方式のいずれを採用しているかを問わず、一旦、標準税率、軽減税率、旧税率が課税されているそれぞれの取引の税込金額で課税売上高を把握します。

　それぞれの税込金額の課税売上高を税抜きにした金額の合計額を課税標準額として集計します。

　それぞれの税率が課税された取引の税抜き金額を集計する際に、1,000円未満の端数が生じる場合には、その1,000円未満の端数を切り捨てます。

　次に、課税標準に対する消費税額を計算する際、それぞれの税抜金額（千円未満切捨）にそれぞれの税率を掛けて消費税額を計算します。

● 計算算式

(1) 課税標準額

① 標準税率（10%）の税込課税売上高 $\times \dfrac{100}{110} = \bigcirc\bigcirc\bigcirc$（千円未満切捨）

② 軽減税率（8%）の税込課税売上高 $\times \dfrac{100}{108} = \bigcirc\bigcirc\bigcirc$（千円未満切捨）

③ 旧　税　率（8%）の税込課税売上高 $\times \dfrac{100}{108} = \bigcirc\bigcirc\bigcirc$（千円未満切捨）

④ ① ＋ ② ＋ ③ ＝ $\bigcirc\bigcirc\bigcirc$

(2) 課税標準に対する消費税額

① 標準税率の課税標準額 $\times$ 7.8 ％ ＝ $\bigcirc\bigcirc\bigcirc$

② 軽減税率の課税標準額 $\times$ 6.24％ ＝ $\bigcirc\bigcirc\bigcirc$

③ 旧　税　率の課税標準額 $\times$ 6.3 ％ ＝ $\bigcirc\bigcirc\bigcirc$

④ ① ＋ ② ＋ ③ ＝ $\bigcirc\bigcirc\bigcirc$

(3) 課税標準の個別事例（土地付き建物の一括譲渡）

　土地付き建物を一括して譲渡した場合は、土地の譲渡は非課税売上げ、建物の譲渡は課税売上げになります。

　この場合の譲渡代金（課税標準）について説明します。

（1）契約書の記載金額の区分が合理的な場合

① 契約書に土地と建物の価額（下記の売買契約書に「売買代金総額」、「土地代金」、「建物代金」、「消費税額及び地方消費税額の合計額」）が区分されている場合は、その価額

② 契約書に「売買代金総額」と「消費税額及び地方消費税額の合計額」のみ記載されている場合は、その消費税率から割り戻して建物の対価の額を区分。

〈消費税税率10％の場合〉

　　イ. 建物の価額（5,500万円）＝契約書に記載された消費税等の額（500万円）÷10%×110%

　　ロ. 土地の価額（3,500万円）＝取引総額（9,000万円）―建物の価額（5,500万円）

（2）契約書の記載金額の区分が合理的でない場合（売買代金総額9,000万円しか記載されていない場合）

① 譲渡時における建物及び土地の時価の比により按分。

※近隣の不動産の取引事例を参考に計算したり、不動産鑑定などによる評価額を基に計算する方法ですが、評価するのにコストがかかるので、あまり採用されていません。

② 相続税評価額や固定資産税評価額を基に按分。

※一般的にこの方法で計算していることが多いです。

　固定資産税評価額を各市区町村が同一の時期に時価を反映して評価した価額であり、入手の容易性やコストを考えるとこの方法を採用するケースが多いです。

③ 土地や建物の原価（取得費、造成費、一般管理費・販売費、支払、利子等を含みます。）を基に按分。

※建築原価の求め方がポイントになります。構造が木造か鉄筋コンクリートかなどで評価額が異なります。また、同じ経過年数でも原価が異なります。

6 売上げに係る対価の返還等をした場合の消費税額の控除

　売上げに係る返品や値引きなどがある場合には、それに係る消費税額は仕入れに係る消費税とは別に控除を行います。

　この場合の控除は、返品や値引きがあった課税期間で行います。

　売上げがあった課税期間に遡って調整をすることはしません。

免税事業者のときの売上げに係る対価の返還等の取扱い

❶　免税事業者の課税期間に売り上げたときの返品や値引きについては、控除の対象となりません。

❷　免税事業者の課税期間に消費税は預かっていませんので、それに対する返品や値引きにも消費税が含まれていないと考えるからです。

輸出免税や非課税売上げの対価の返還等の取扱い

❸　輸出免税や非課税売上げの返品や値引きに関しても、預かった消費税はありませんので、控除の計算をすることはありません。

令和元年9月30日以前の売上げに係る対価の返還等の取扱い

❹　令和元年9月30日以前に売上げた取引の返品や値引きについては、旧税率のときの売上げに対する返品、値引きですから、旧税率を用いて控除の計算を行います。

❶ 売上げに係る対価の返還等の控除のタイミング

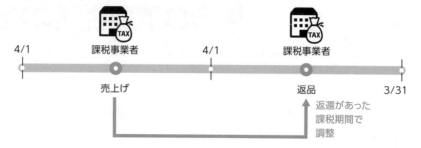

❷ 免税事業者の課税期間で売り上げた場合の取扱い

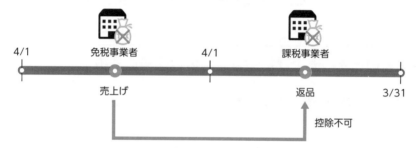

❸ 輸出、非課税売上げの場合の取扱い

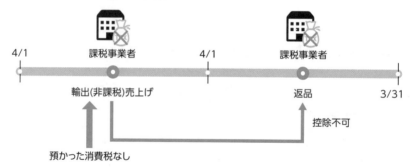

❹ 令和元年9月30日以前の売上げに係る対価の返還等の取扱い

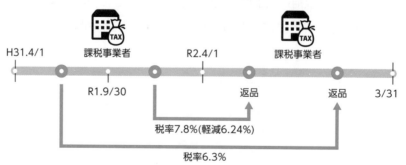

売上げに係る対価の返還等の範囲

　控除の対象となるのは、返品、値引き、割戻しの他、割引きや販売奨励金が該当します。

　売上割引は会計の考え方では支払利息の性格があると考えていますが、消費税では値引きと同じ扱いをするということとなりますので、ご注意ください。

事業者が支払う販売奨励金などの取扱い

　取引先に支払った販売奨励金は仕入れではなく、売上げに係る対価の返還等として控除を行います。

　逆に取引先から金銭で受け取った販売奨励金は売上ではなく仕入れに係る対価の返還等として仕入税額控除のマイナスとして処理します。

　なお、販売促進費など、販売数量や販売高との対応関係が認められないものは通常の仕入税額控除の対象となります。

7　貸倒れに係る消費税額の控除

　売上げに係る売掛債権が回収できなくなった場合には、その売掛債権に対する消費税額は仕入れに係る消費税とは別に控除を行います。

　この場合の税額控除は、貸倒れがあった課税期間で行います。売上げがあった課税期間に遡って調整をすることはしません。

免税事業者のときの売上げに係る貸倒れの取扱い

❶　免税事業者のときに売上げたときの売掛債権の貸倒れについては、控除の対象となりません。

❷　免税事業者のときに消費税は預かっていませんので、それに対する売掛債権にも消費税が含まれていないと考えるからです。

輸出免税や非課税の売上げの対価の返還等の取扱い

❸　輸出免税や非課税の売上げの売掛債権に関しても、預かった消費税はありませんので、控除の計算をすることはありません。

令和元年9月30日以前の売上げに係る対価の返還等の取扱い

❹　令和元年９月30日以前に売上げた売掛債権の貸倒れについては、旧税率のときの売上げに対する売掛債権ですから、旧税率を用いて税額計算を行います。

❶ 貸倒れの税額控除のタイミング

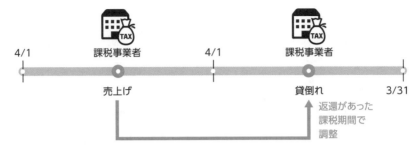

❷ 免税事業者の課税期間で売上げた場合の取扱い

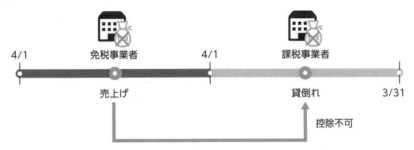

❸ 輸出、非課税売上げの場合の取扱い

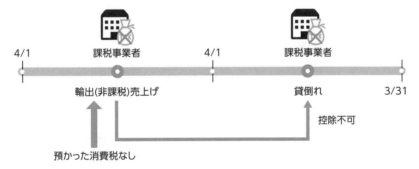

❹ 令和元年9月30日以前の売上げに係る貸倒れの取扱い

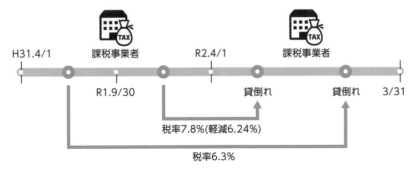

貸倒れの範囲

　貸倒れの範囲は、次のとおりです。所得税法、法人税法に規定する貸倒れの計上基準とほとんど同じです。

- ・再生計画認可の決定により債権の切捨てがあったこと。
- ・特別清算に係る協定の認可の決定により債権の切捨てがあったこと。
- ・債権に係る債務者の財産の状況、支払能力等からみて当該債務者が債務の全額を弁済できないことが明らかであること。

貸倒債権を回収した場合

　売上げに係る売掛債権が貸倒れとなった場合、先述したように税額調整を行います。

　その後その売掛債権が回収された場合、回収された課税期間の売上げに係る消費税額に加算します。

　ただし、過去に貸倒れに係る控除の適用を受けなかった売掛債権等を回収した場合は、適用されません。

債権回収に係る消費税額の計算

　債権回収に係る消費税額の計算は、それぞれの売上げに係る売掛債権の税率で計算をします。

　債権回収が行われた課税期間の税率ではありませんので、ご注意ください。

第5章

5

勘定科目別
経費の取扱い

1 給与と外注費（外注工賃）

給与と外注費（外注工賃）の違い

　個人への報酬の支払いが、「給与」とするのか「外注費（外注工賃）」とするかによって税務上の取扱いが大きく異なります。

給与等…課税仕入れに該当せず、仕入税額控除の対象とはなりません。

外注費…課税仕入れに該当し、仕入税額控除の対象となります。

	給与	外注費
消費税	仕入税額控除の対象とならない	仕入税額控除の対象となる
源泉所得税	源泉徴収が必要	源泉徴収が不要 （源泉徴収が必要な場合あり※）
社会保険	会社と雇用者で労使折半	会社の負担はない

※源泉徴収が必要な場合

- ・原稿料、デザイン報酬、講演料など
- ・弁護士、公認会計士、税理士、司法書士、社会保険労務士、中小企業診断士など特定の資格を有するものへの報酬
- ・プロスポーツ選手、モデル、外交員への報酬
- ・芸能人への報酬
- ・ホステス等への報酬

人件費を区分する

給与等…雇用契約に基づいて受ける役務の提供の対価（役員報酬、給与手当、賃金、賞与、退職金など）

外注費…請負契約に基づいて受ける役務の提供の対価（外注費、業務委託費、人材派遣料など）

● 外注費（外注工賃）の具体例

・業務委託やアウトソーシングの費用

・人材派遣などの派遣料

・10万円未満のソフトウェアの制作費

・10万円以上のソフトウェアの制作費は、資産計上する必要があります。

・一人親方などに支払う下請費や加工費（売上原価に計上する場合もあります）

弁護士や税理士に支払う報酬は、外注費（外注工賃）ではなく「支払手数料」や「雑費」に計上するケースが多いです。

● 給与と外注費の区分が明らかでないときの判定

税務調査において給与・外注費の判断は重要事項となります。

赤字会社であっても、ホステス報酬や運送業の法人でドライバーを外注として処理をしている場合、ここだけを確認しに税務調査をすることが想定できます。（決して税務署は調査ポイントは教えてくれません。）

契約書があるから外注費にしているというのは、安易な対策です。実態を重視してください。

税務調査において「外注費（外注工賃）」が「給与」として判断されると「消費税」、「源泉所得税」の負担が出ますのでご注意ください。

判定基準	給与	外注費
・他人が代わりに行える	×	○
・時間の管理をしていない	×	○
・指揮監督をしていない	×	○
・完成品が滅失した場合、報酬は支払わない	×	○
・材料や用具は本人が負担している	×	○

┌─ 給与と認定されないための注意点 ─┐

・請負の契約書を作成する

・外注先（ホステスやドライバー）に確定申告をするように指導する

・請求書を相手からもらう

・出勤簿などで勤怠管理を行っていないことが証明できる資料を作成する

など、形式的にも実態的にも給与として取り扱われないような対策をしましょう。

参 考

　インボイス制度によりこの議論がなくなると言われています。主としてホステスをされている方は個人事業主として元々所得税の確定申告をされているわけですから、インボイス制度が導入されようが関係ありません。副業（日中に働いている会社に内緒で）でホステスをしている方が、開業届を届出、インボイス発行事業者の登録申請をし、消費税の申告・納付をするとは思えません。今までは、副業でホステスをされていた方の多くが所得税が無申告であったりしていました。インボイス制度のメリットは、インボイス制度の導入のひとつの理由と考えられます無申告者のあぶり出しができ、その報酬で税額控除を受けていたクラブ側の消費税納税の是正ができるようになることです。つまり、税務調査のひとつの目玉であった「給与」か「外注費（外注工賃）」かの判定にも終止符が打たれるかもしれません。

2 地代家賃

地代家賃とは

　名のとおり、「地代」・「家賃」です。事務所・店舗などの家賃や月極駐車場の使用料などをいいます。

　コインパーキングなどの一時的な利用については、「旅費交通費」や「車両費」として処理をします。

　個人事業主の方で居宅として使用している所を事務所として全額費用計上をされる方が見受けられますが、全額は認められませんので、ご注意ください。事業使用割合という形で事業用と個人用として按分します。その按分方法などは、税理士におたずねください。

礼金・更新料の取扱い

　事務所や店舗の礼金・更新料の経費計上は契約期間で償却することが多いですが、支出額が２０万円未満の場合、支出時に全額費用計上が認められています。

　居宅を事務所として利用している場合は、個人利用分は費用計上できませんので、ご注意ください。

礼金を資産計上した場合の会計処理

　事務所や店舗の礼金・更新料を資産計上する場合、消費税は支出時の課税期間で全額控除します。

● 仕訳

支出時	（礼金（長期前払費用）） （仮払消費税等）	300,000 30,000	（現金）	330,000
決算時	**（礼金（長期前払費用）償却）**	**150,000**	**（礼金（長期前払費用））**	**150,000**

※契約期間が2年、今期の使用期間が12か月として計算しています。

● 課税仕入れに該当するかどうかの一覧表

課税仕入れに該当する	課税仕入れに該当しない
・店舗・事務所用物件の家賃・共益費 ・店舗・事務所用物件の礼金 ・店舗・事務所用物件の更新料 ・貸付期間が1か月未満のウィークリーマンション・マンスリーマンションの賃料 ・旅館業法に規定する旅館業に係る施設の宿泊代（期間問わない） ・店舗・事務所用物件の敷金、礼金、保証金（返還されないもの） ・仲介手数料 ・引越し費用 ・駐車場代、駐輪場代（別途支払う場合） ・トランクルームの使用料 ・原状回復費用	・居住用物件の家賃・共益費 ・居住用物件の礼金 ・居住用物件の更新料 ・貸付期間が1か月以上のウィークリーマンション・マンスリーマンションの賃料 ・居住用物件の敷金、礼金、保証金（返還されないもの） ・敷金、保証金（返還されるもの） ・居住用物件の家賃に含まれている駐車場代、駐輪場代 ・青空駐車場

3 利子割引料

利子割引料とは

　利子割引料とは「利子」は事業用に借り入れをした際に発生する利息などをいい、「割引料」は受け取った手形を銀行などで現金化するために割引したときに支払う割引料をいいます。

　利子割引料には、事業資金の借入利息、事業用車両の自動車ローンの利息、カードローンの利息、割賦購入した場合の手数料、手形割引料などが含まれます。

銀行借入れの処理(単位；円)

借 入 時

(預　　金) 6,000,000　　　　(借 入 金) 6,000,000

返 済 時

(借 入 金)　　60,000　　　　(預　　金)　　70,000

(支払利息)　　10,000

※　借入金の返済の際、元本(60,000円)は経費になりませんので、ご注意ください。元本分も支払利息として処理しているケースをよく見かけます。

　　必ず、借入れの返済予定表を確認して会計処理をしてください。

● 課税仕入れに該当するかどうかの一覧表

課税仕入れに該当	課税仕入れに該当しない
	・借入利息 ・手形割引料 ・自動車ローンの利息 ・カードローンの利息 ・割賦購入した場合の手数料

4 租税公課

租税公課とは

租税公課とは、国税や地方税等の「租税」（税金）や、国・地方公共団体から課せられる交付金や会費などの公的な課金である「公課」を合わせた勘定科目をいいます。

● **課税仕入れに該当するかどうかの一覧表**

課税仕入れに該当する	課税仕入れに該当しない
・印紙売りさばき所以外（チケットショップ）で購入した印紙代 ・自転車等撤去保管手数料	（租税） ・印紙税、固定資産税、都市計画税、自動車税、軽自動車税、不動産取得税、消費税（税込方式）など （公課） ・罰金、科料、過料、国税の延滞税・加算税、地方税の延滞金、加算金など

未経過固定資産税、未経過自動車税は取得原価に含める

固定資産税は、毎年1月1日現在の登記簿等に所有者として登記されている人に対して課税されます。

その所有者が1年分の固定資産税を納める必要があります。

仮に、1月2日以降に所有権の移転が行われても、納税義務者は変更されませんので、購入者は364日分その資産を所有していたとしても固定資産税を納税する必要がありません。

ただし、不動産の売買をする際、売買契約などで所有権移転する場合に固定資産税を日割り等で精算を行う商慣習があります。

この精算される固定資産税は未経過固定資産税と呼ばれますが、未経過固定資産税は、税金ではありません。あくまでも売主、買主間での利益調整のための売買代金の調整です。

要するに、名目は「未経過固定資産税」となりますが、取引金額の一部となります。そのため、土地付き建物を一括譲渡した場合、本来の売買代金と合わせて未経過固定資産税分も売上げの金額として計算する必要があります。

譲渡側の処理として未経過固定資産税を「雑収入」の「課税対象外取引（消費税がかからない）」としてしまうミスを多く見かけます。未経過固定資産税を建物部分、土地部分に按分する必要がありますので、ご注意ください。

また、車両の売買の場合の未経過自動車税（毎年4月1日）に関しても同様です。

荷造運賃

荷造運賃とは

　荷造運賃は、顧客に販売した商品などを発送するために係る費用です。

　例えば、梱包用段ボール、包装紙、緩衝材、ガムテープなどの荷造りに係る費用や宅配便などの配送に係る費用です。

● **課税仕入れに該当するかどうかの一覧表**

課税仕入れに該当する	課税仕入れに該当しない
・国内輸送 ・輸送に関する資材（梱包用段ボール、包装紙、緩衝材、ガムテープなど）の購入（消耗品費で処理も可） ・国内取引運賃・倉庫保管料（商品の仕入原価に入るケースがあります。） ・国内輸送の燃油サーチャージ	・国外輸送（外国間） ・国際輸送 ・輸送に関する保険料 ・ＥＭＳ(国際スピード郵便)などの国際郵便 ・国際輸送の燃油サーチャージ

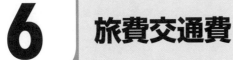

6 旅費交通費

旅費交通費とは

　旅費交通費とは、移動や出張などに係る旅費や交通費をいいます。

　例えば、従業員の通勤手当、鉄道・バス等の公共交通機関の運賃、高速道路使用料（ＥＴＣ含む）、有料道路の通行料、国際空港から出国する際の施設利用料、出張に伴う旅費・宿泊費・日当、出張に伴うレンタカーの利用料などをいいます。

● 課税仕入れに該当するかどうかの一覧表

課税仕入れに該当する	課税仕入れに該当しない
・通勤手当 ・定期券等の現物支給 ・国内出張旅費、国内宿泊費、国内出張日当のうち、通常必要であると認められる部分 ・回数券、交通系ICへのチャージ代	・国外出張旅費、国外宿泊費、国外出張日当

7 通信費

通信費とは

通信費とは、通信手段に係る費用をいいます。例えば、固定電話代、携帯代、インターネットの利用料金、切手代・ハガキ代・郵便代・事務所や店舗の有線放送の費用などです。

● 課税仕入れに該当するかどうかの一覧表

課税仕入れに該当する	課税仕入れに該当しない
・切手、ハガキ、レターパックを使用（原則） ・切手の購入（継続適用を条件に購入時に仕入税額控除できる） ・簡易書留などの料金 ・国内通話 ・電話料金、携帯電話代 ・ネット通信代（プロバイダー代など） ・事務所・店舗での有線放送の費用 ・事業使用のスマートフォンなどの本体価格（10万円未満は「消耗品費」、10万円以上は資産計上） ・事務所・店舗でのＮＨＫ受信料	・切手、ハガキ、レターパックの購入（原則） ・EMS（国際スピード郵便）などの国際郵便 ・国際通話 ・個人使用のスマートフォンなどの本体価格（※） ・自宅のNHK受信料

※ 個人事業主の方が個人使用のスマートフォンなどを事業に利用する場合は、事業使用割合に応じて費用計上するケースがあります。事業使用割合は、税理士にご相談ください。敢えて、ビジネス用とプライベート用に分けるのも方法です。

8 広告宣伝費

広告宣伝費とは

　広告宣伝費とは、自社の製品やサービスを広告や宣伝するための費用をいいます。また、従業員募集のための求人広告・費用を広告宣伝費として費用計上できます。

　販売促進のための費用も広告宣伝費として費用計上するケースがあります。広告宣伝費と販売促進費を区別するために別々の勘定科目を使用するのも一つの方法です。

● 課税仕入れに該当するかどうかの一覧表

課税仕入れに該当する	課税仕入れに該当しない
・プリペイドカードに会社の社名や商品名を印刷する場合の印刷費用・プリペイドカードを使って課税商品の購入 ・屋外に設置している看板については、その看板の製作費 ・看板をビルの屋上、壁面、電柱などに設置するための賃借料 ・包装紙代やカタログの印刷費 ・企業イメージの広告費 ・展示会の出展料 ・夏祭りなどのイベントの協賛金（夏祭りなどの提灯やパンフレットに企業名が記載される場合） ・求人広告費用 ・会社や店舗などのHP作成費用※	・クオカードなどのプリペイドカードの購入 ・看板を更地などの土地に設置するための賃借料 ・夏祭りなどのイベントの協賛金（寄附金に該当するもの）

※　あなたが広告宣伝費と思って費用計上をしていた取引が接待交際費になる場合があります。
　　また、広告宣伝費と思っていた看板の製作費やHPの作成費用などが資産に計上しなければならない場合があります。

9　接待交際費

接待交際費とは

　交際費とは、得意先や仕入先その他事業に関係のある者などに対する接待、供応、慰安、贈答などの行為のために支出する費用をいいます。

● **課税仕入れに該当するかどうかの一覧表**

課税仕入れに該当する	課税仕入れに該当しない
・葬儀での生花などの購入 ・ゴルフプレー代、ロッカー代、キャディー代、カートの利用料、クラブハウスでの飲食代など ・ゴルフコンペの参加費 ・ゴルフクラブなどへの入会金（変換されない入会金） ・ゴルフクラブなどの年会費 ・中元、歳暮などの贈答品の購入 ・接待のための飲食代 ・接待のために利用したタクシー代 ・野球などのシーズン観覧予約席料	・香典、祝い金、見舞金などの金銭での支出 ・ゴルフ場利用税、緑化協力金 ・ゴルフ保険 ・贈答のための商品券などの物品切手等の購入 ・費途不明の交際費等 ・チップ ・金銭で支出した寄附金 ・政治家が主催しているパーティ券の購入費用

10 損害保険料

損害保険料とは

損害保険料とは、事業に係る商品や事務所・店舗などの事業用資産に対する保険料をいいます。

例えば、事務所・店舗の火災保険、事業用自動車の自動車保険（自賠責保険・任意保険）、貨物運送保険、傷害保険、盗難保険、損害賠償責任保険などです。

ただし、契約期間が満了したときに満期返戻金が支払われる保険料、貯蓄性があるもののうち積立保険料部分は資産計上をしますので、契約内容をご確認ください。

また、契約期間が長期間にわたる保険料については全額支出した時に費用計上は出来ませんので、ご注意ください。

● **課税仕入れに該当するかどうかの一覧表**

課税仕入れに該当	課税仕入れに該当しない
	・生命保険料 ・損害保険料 ・地震保険料 ・火災保険料 ・共済掛金 ・自動車保険（自賠責保険、任意保険）

11 修繕費

修繕費とは

事業用に所有している資産の修理や改修をするための費用をいいます。事務所などを退去する際に支払う原状回復に係る費用も含まれます。

車両に伴う修理費用などを車両費にとして費用計上しても差し支えありません。

ただし、修繕に伴う費用が全額支出した時に費用計上が出来ない場合がありますので、ご注意ください。

● 課税仕入れに該当するかどうかの一覧表

課税仕入れに該当	課税仕入れに該当しない
・事務所・店舗などの建物、建物附属設備、機械装置、車両、器具備品などの修理・改修にするための費用※ ・取替部品の購入費用（消耗品費として費用計上可）	

※　修繕費のうち「資本的支出」に該当する費用については、資産計上をする場合がありますので、ご注意ください。詳細は税理士にご相談ください。

12 消耗品費

消耗品費とは

消耗品費とは、事業で使用する備品のうち金額が、少額のものの費用をいいます。消耗品費のうち、事務で使用する費用を事務用品費と区別しても問題ありません。

ボールペン・はさみなど文房具やトイレットペーパー・洗剤などの日用品などが消耗品費に該当します。

車両に関連するものについては、車両費として費用処理しても問題ありません。

ただし、10万円以上のものは資産計上をする必要があります。

● 課税仕入れに該当するかどうかの一覧表

課税仕入れに該当	課税仕入れに該当しない
・ボールペンなどの文房具 ・コピー用紙・インクカートリッジなどの事務用品費 ・工具のうち少額なもの（10万円以上のものについては資産計上） ・備品のうち少額なもの（10万円以上のものについては資産計上） ・トイレットペーパーなどの日用品	

13 福利厚生費

福利厚生費とは

　福利厚生費とは、従業員に対して給与・賞与以外に支出した費用をいいます。専ら従業員の慰安のために行われる運動会、演芸会、旅行などのために通常要する費用については福利厚生費などとされます。

　社内の行事に際して支出される金額などで、次のようなものは福利厚生費となります。

①　創立記念日、国民の祝日、新社屋の落成式などに際し、従業員におおむね一律に、社内において供与される通常の飲食に要する費用。

②　従業員等（従業員等であった者を含みます。）またはその親族等のお祝いやご不幸などに際して、一定の基準に従って支給される金品に要する費用（例えば、結婚祝、出産祝、香典、病気見舞いなどがこれに当たります。）

● **課税仕入れに該当するかどうかの一覧表**

課税仕入れに該当する	課税仕入れに該当しない
・葬儀での生花などの購入 ・新年会、忘年会、歓送迎会などの会食費用 ・忘年会などのイベントの景品 ・国内の慰安旅行費用 ・国外の慰安旅行費用のうち旅行会社へ支払う事務代行手数料、空港施設利用料 ・健康診断費用、予防接種費用、人間ドック費用 ・スポーツジムやフィットネスジム等の施設利用料※1 ・残業のための食事の現物支給、仕出し弁当の代金 ・社員研修のセミナー会費、教材費 ・資格取得費用※3 ・常備薬の購入費用	・香典、祝い金、見舞金などの金銭での支出 ・忘年会などのイベントの景品が商品券などの物品切手の購入 ・国内の慰安旅行での入湯税、ゴルフ場利用税、旅館の仲居さんへの心付け ・国外の慰安旅行費用 ・社会保険診療による治療 ・食事手当として給与を支給している場合※2 ・給与として受講料相当額を金銭で支給

※1　個人事業者、個人事業者の専従者に対して福利厚生として支出したスポーツジムやフィットネス等の施設利用料は費用として計上できませんので、ご注意ください。

　　個人会社や家族しかいない会社の代表本人や家族従業員のために支払った施設利用料については、福利厚生費として認められにくいです。

※2　全額福利厚生費として計上できるのか、給与としての計上になるかの判断が必要な場合がありますので、ご注意ください。

※3　資格取得費用が給与課税されない要件として
　　・業務遂行上必要である
　　・職務に直接必要な技術・知識を習得させること
　　・費用として適正なもの
　　があげられます。

　　しかし、個人事業者が本人のスキルアップのための資格取得費用は経費として認められませんのでご注意ください。

　　課税仕入れに該当するためには、領収証の宛名が法人宛などになっていることや明細を保存しておくなどしておいてください。

14 諸会費

諸会費とは

　諸会費とは、業務に関連して加入している商工会議所や自治会など様々な団体に支払う会費や組合費、賦課金などの会費のことをいいます。

　諸会費の支払いが課税仕入れに該当するかしないかは、その支払いに対して対価性の有無で判断をすることとなります。

　会費という名目ではなく、実態で判断をすることとなります。

● 課税仕入れに該当するかどうかの一覧表

課税仕入れに該当する	課税仕入れに該当しない
・クレジットカードの年会費 ・スポーツジムなどの年会費、入会金 ・懇親会、セミナーの会費 ・ゴルフクラブの入会金 (返還されないもの)	・同業者団体、組合等の会費 (税理士会など) ・商工会議所の年会費 ・JAFの年会費 ・町内会費 ・建設業における安全協力会費
・ロータリークラブなどの会費 (対価性があるもの)	・ロータリークラブなどの会費 (対価性がないもの) ・ロータリークラブなどの会費のうち給与に該当するもの
・ECサイトなどの会費 ・映画などの配信サービスの会費 　(特定課税仕入れに該当する場合) ※ ・映画などの配信サービスの会費 (配信会社の法人が国内にあり、国内で配信業務を行っている)	・映画などの配信サービスの会費※

※　映画などの配信サービスは、基本的に「事業者向け電気通信利用役務の提供」に該当した場合、「特定課税仕入れ」として役務の提供を受けた国内事業者に納税義務が課されており、いわゆるリバースチャージ方式により消費税の申告をする必要があります。また、特定課税仕入れは、他の課税仕入れと同様に、役務の提供を受けた事業者において仕入税額控除の対象となります。

　ただし、国外事業者から「事業者向け電気通信利用役務の提供」を受けた場合であっても、役務の提供を受けた事業者の、

　　1　一般課税で、かつ、課税売上割合が95％以上の課税期間
　　2　簡易課税制度が適用される課税期間
については、当分の間、「事業者向け電気通信利用役務の提供」（特定課税仕入れ）はなかったものとされますので、「特定課税仕入れ」として申告する必要はなく、また仕入税額控除の対象にもなりません。

ロータリークラブの会費は法人と個人で取扱いが異なる

　法人の場合は、ロータリークラブの入会金と経常会費については、交際費として処理することになります（法基通9−7−15の2）。中小企業の場合、交際費は800万円まで損金算入できます。ただし、個人の場合は、経費とは認められない裁決が多数ありますのでご注意ください。

15 支払手数料

支払手数料とは

　支払手数料とは、取引に関する手数料や費用や、報酬などの支払いをいいます。

　例えば、銀行・信用金庫などの振込手数料、代引き手数料、各種証明書の発行手数料、不動産会社などに支払う仲介料、事務手数料、登録手数料、解約手数料などです。

　行政機関に対して支払う各種発行手数料は、租税公課で費用計上をします。

● 課税仕入れに該当するかどうかの一覧表

課税仕入れに該当する	課税仕入れに該当しない
・国内銀行間の送金手数料（振込手数料） ・ATM利用手数料 ・代金取立手数料 ・内国為替関係手数料 ・両替手数料 ・硬貨入金整理手数料 ・小切手・手形発行手数料 ・再発行手数料 ・残高証明書発行手数料 ・預金・融資取引明細表発行手数料など ・未利用口座管理手数料 ・コンビニ決済手数料 ・代引き手数料 ・クレジット決済代行手数料※	・外国為替送金関係手数料 ・海外送金手数料 ・リフティングチャージ ・手形割引料 ・クレジットカード加盟店手数料 ・借り入れに伴う支払保証料 ・行政機関に対して支払う各種発行手数料 ・クレジット決済代行手数料※

※カード会社に支払う決済代行手数料

　クレジットカードで売上げがあった場合、クレジット会社から入金される際、加盟店手数料（クレジット手数料）という名目で差し引かれています。

　この場合の加盟店手数料は利息の性格を有していますので、非課税取引となり、課税仕入れに該当しません。

　ただし、カード決済代行会社に支払うシステム利用料や決済代行手数料などの名目で差し引かれている場合、課税仕入れに該当するケースがあります。

　請求書で課税仕入れに該当するかどうかを確認をするようにしてください。

16 車両費

車両費とは

車両費とは、事業で使用する車両を維持管理するための費用をいいます。

例えば、ガソリン代、車両の修繕費、洗車代、車検代など車に関する費用がこれに該当します。

● 課税仕入れに該当するかどうかの一覧表

課税仕入れに該当	課税仕入れに該当しない
・ガソリン代（レギュラー・ハイオク） ・軽油代（軽油税を除く） ・洗車代 ・車検代（法定費用除く） 　（車検基本料・検査料・車両修理費用・車検代行手数料など） ・タイヤなどのパーツ交換代 　（10万円以上の場合資産計上） ・修理代	・軽油税 ・車検代のうち法定費用部分 （自動車重量税・収入印紙・証紙・自賠責保険料など） ・自動車保険料 ・自動車税 ・自動車取得税 ・リサイクル費用

車両運搬具を購入した場合の消費税の取扱い

車両を購入した場合、支払った金額を車両費として一括で計上したいと思いますが、支払金額が10万円以上の場合、資産計上する必要があります。次ページのように車両運搬具を購入した際は、それぞれの費用を細かく仕訳をする必要が出てきます。

● 車両運搬具購入時の消費税の判定一覧表

勘定科目	内容	消費税
車両運搬具	車両本体 オプション（カーナビなど） 納車費用	課税仕入れに該当
（損害）保険料又は車両費	自賠責保険料 任意保険料（※）	課税仕入れに該当しない
支払手数料	検査登録手続代行費用 車庫証明手続代行費用 資金管理料金	課税仕入れに該当
	検査登録法定費用 車庫証明法定費用	課税仕入れに該当しない
租税公課	自動車取得税 自動車重量税	課税仕入れに該当しない
預け金(資産計上)	リサイクル料（リサイクル預託金）	課税仕入れに該当しない

※　契約が複数年の場合は、「長期前払費用」として資産計上をして、期間ごとに按分して保険料として
　　処理をしていくことになります。

第6章

消費税の届出書

1 消費税課税事業者届出書 （基準期間用）

　消費税の納税義務の判定は、2年前の売上高が1,000万円が超える事業者となります。つまり、ある課税期間の売上高が1,000万円を超えた場合、2年後（翌々事業年度）から課税事業者になります。その場合、所轄税務署長に「消費税課税事業者届出書（基準期間用）」を速やかに提出することとなります。

　この届出書の提出は、速やかに提出することになりますので、期限が定められている訳ではありません。多くの事業者はその課税期間の決算が終わって、確定申告書を提出するタイミングで提出されています。

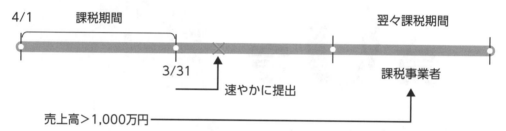

2 消費税課税事業者届出書 （特定期間用）

消費税の納税義務の判定は、2年前の売上高が1,000万円が超える事業者となります。ある課税期間が1,000万円以下であればその2年後も免税事業者となります。ただし特定期間の売上高が1,000万円を超えた場合、翌年（翌事業年度）から課税事業者になります。この場合、所轄税務署長に速やかに「消費税課税事業者届出書（特定期間用）」を提出することとなります。

(注) 特定期間の売上高が1,000万円を超えるかどうかの判定は、売上高に代えて、特定期間中に支払った給与等の金額により判定することもできます。

つまり、売上高が1,000万円が超えていても、給与等の金額が1,000万円以下の場合は、翌課税期間が課税事業者にはなりませんので、3期目以降が課税事業者になるということになります。

特定期間とは

個人事業者…その年の前年1月1日から6月30日までの期間

例えば、事業を行っていない個人の方が3月1日に開業した場合には、3月1日から6月30日までの期間の売上高（又は給与等支払額）で判定することとなります。

また、その前年7月1日から12月31日までの間に開業した場合には、特定期間の売上高（又は給与等支払額）がないため判定不要です。

法人…原則 その事業年度の前事業年度開始の日以後6か月の期間をいいます

例えば、法人設立1期目が7か月以下の場合、前事業年度は6か月の期間がありますが、特定期間に該当しません。したがって、前事業年度の課税売上高による判定は行いません。

---

1. 個人事業者及び事業年度が1年の法人

前年又は前事業年度（1年間）　　　　　　その年又はその事業年度

6か月（特定期間）

2．法人の設立1期目が8か月以上の場合

前事業年度（8か月）　　　　　　　　その事業年度

5/1設立

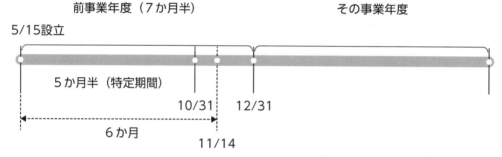

6か月（特定期間）

10/31　12/31

3．法人の設立1期目が8か月未満の場合

(1) 月の途中で設立した法人で前事業年度（7か月半）の決算期末が月の末日の場合

前事業年度（7か月半）　　　　　　その事業年度

5/15設立

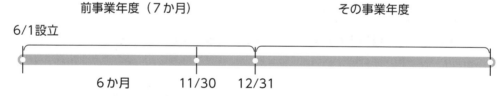

5か月半（特定期間）

10/31　12/31

6か月

11/14

※　法人設立の日から6か月後は11月14日となりますが、前事業年度の決算期末が月末であるため、6か月後（11月14日）の前月の末日である10月31日が特定期間の末日となります。したがって、前事業年度の5月15日から10月31日までの期間が特定期間となり、その期間の売上高（又は給与等支払額）で判定することとなります。

(2) 法人の設立1期目が7か月以下の場合

前事業年度（7か月）　　　　　　　その事業年度

6/1設立

6か月　　11/30　12/31

※1　法人設立の日から前事業年度終了日までに6か月の期間がありますが、前事業年度は7か月以下であるためその期間は特定期間に該当しません。したがって、前事業年度の売上高による判定の必要はありません。

※2　特定期間がなく課税事業者とならない場合であっても、事業年度開始の日における資本金の額又は出資の金額が1,000万円以上である法人（法第12条の2第1項に規定する新設法人に該当する法人）は、課税事業者となります。

---

3 消費税の納税義務者でなくなった旨の届出書

　課税事業者である課税期間の売上高が1,000万円以下の場合、翌々年（翌々事業年度）は免税事業者となります。この場合、所轄税務署長に速やかに「消費税の納税義務者でなくなった旨の届出書」を提出することとなります。

　この届出書の提出は、速やかに提出することになりますので、期限が定められている訳ではありません。多くの事業者はその課税期間の決算が終わって、確定申告書を提出するタイミングで提出されています。

　ただし、過去に「消費税課税事業者選択届出書」が提出されている場合は、たとえ2年前の売上高が1,000万円以下であっても課税事業者のままです。

　この場合については、「消費税課税事業者選択不適用届出書」の提出が必要になります。

　この届出書の効力がなくなるのは、提出した課税期間の翌課税期間になります。

　2年前の売上高が1,000万円以下になったので「消費税の納税義務者でなくなった旨の届出書」を提出したが、後日税務署より過去「消費税課税事業者選択届出書」が提出されています。改めて「課税事業者選択不適用届出書」の提出をしてください。という連絡がきたなどの話もよく聞きます。

　消費税の届出書は、提出のタイミングによって事業者にとって有利になったり不利になるケースがあります。届出書の管理は重要になります。

4 消費税課税事業者選択届出書

　課税期間の売上高が1,000万円以下の場合、翌々年(翌々事業年度)は免税事業者となります。

　ただし、自ら課税事業者になる場合、課税事業者になりたい課税期間の初日の前日までに「消費税課税事業者選択届出書」を提出する必要があります。

　「消費税課税事業者選択届出書」を提出するメリットとして、課税事業者の適用を受けた課税期間に多額の固定資産の取得をした場合、売上げに係る消費税より仕入れに係る消費税が多ければ、消費税が還付されます。

5 消費税課税事業者選択不適用届出書

　課税事業者選択届出書を提出していた事業者が、その適用をやめようとするときは、そのやめようとする課税期間の初日の前日までに所轄税務署長に「消費税課税事業者選択不適用届出書」を提出する必要があります。

　「消費税課税事業者選択不適用届出書」を提出した課税期間の翌課税期間以降は、本来の納税義務の判定である2年前の売上高が1,000万円を超えるかどうかで判断します。

　ただし、この不適用届出書はいつでも提出することができるわけではありません。

消費税課税事業者選択不適用届出書の提出できるタイミング

　「消費税課税事業者選択不適用届出書」は、「消費税課税事業者選択届出書」を提出したことにより課税事業者になった課税期間の初日から2年を経過する日の属する課税期間の初日以降でなければ提出することができません。

　「消費税課税事業者選択届出書」を提出すると最低2年間は課税事業者として確定申告をする必要があります。

❶ 個人事業者の場合

　個人事業者の課税期間は、1月1日から12月31日です。年の中途で開業したとしても課税期間は1月1日から12月31日となりますので、仮に開業年に「消費税課税事業者選択届出書」を提出してその年から適用を受けている場合は、その年の1月1日が初日となります。2年を経過する日が翌年の12月31日となりますので、その課税期間の初日は2年目の1月1日となります。したがって2年目の1月1日以降に「消費税課税事業者選択不適用届出書」を提出することができるようになります。この場合、3年目からは2年前の売上高で判定することとなります。

❷ 法人の場合

　法人の課税期間は、事業年度です。例えば事業年度が4月1日から3月31日の法人で10月1日に法人を設立した場合、設立年度に「消費税課税事業者選択届出書」を提出すると、課税期間の初日は10月1日です。

2年を経過する日は、3期目の9月30日となります。つまり、3期目の初日の4月1日以降に「消費税課税事業者選択不適用届出書」を提出することができるようになりますので、課税事業者選択届出書の適用がなくなる課税期間は4期目以降となります。

提出時期
❶ 原則

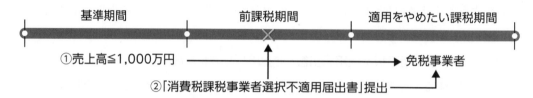

❷「課税事業者選択不適用届出書」の提出できるタイミング

※すべての課税期間の課税売上高が1,000万円以下として説明

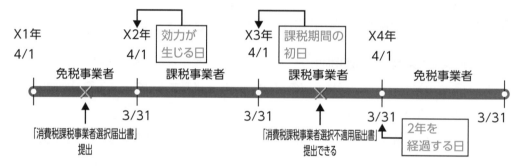

❸ 事業年度の中途で設立した場合

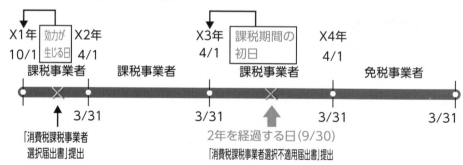

6 消費税簡易課税制度選択届出書

概要

　第4章でも説明しましたように、売上げに係る消費税から控除できる消費税の計算方法は2つあります。そのうちの特例計算である簡易課税制度は、中小事業者に対する特例となっています。中小事業者かどうかの判定は、2年前の売上高が5,000万円以下かどうかです。

　簡易課税制度の適用を受けようとする場合、その適用を受けようとする課税期間の初日の前日までに「消費税簡易課税制度選択届出書」を所轄税務署長に提出する必要があります。

簡易課税の適用を受けることができるのは、「2年前の売上高が5,000万円以下」で「簡易課税制度選択届出書の提出がある」場合

　「消費税簡易課税制度選択届出書」の効力は、消費税簡易課税制度選択不適用届出書を出さない限りなくなりません。なお、2年前の売上高が5,000万円を超える場合は、「消費税簡易課税制度選択届出書」の提出があったとしても原則計算で計算することになります。

　また、2年前の売上高が1,000万円以下になったことで免税事業者になったとしても、簡易課税制度の効力は失いませんので、再度、2年前の売上高が1,000万円が超えることにより課税事業者になった場合、自動的に簡易課税制度の適用となります。

届出書の管理を怠ると大変なことになる

　簡易課税制度のメリットは、売上げに係る消費税から控除できる消費税の計算が簡便であるということです。デメリットとしては、その課税期間に多額の固定資産を購入したことにより、原則計算で売上げに係る消費税から控除できる消費税の計算をすると還付になったとしても、簡易課税制度の適用を受けている課税期間では還付になりません（中間納付還付税額を除く）。

　そのため簡易課税制度を選択するメリットとデメリットを判断する必要があります。

　この判断を誤っておもわぬ税負担が強いられるケースがよくありますので、消費税の届出関係の保管、管理はしっかりするようにしてください。

❶ 簡易課税制度の適用

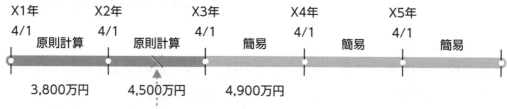

❷ 免税事業者になった場合の届出の流れ

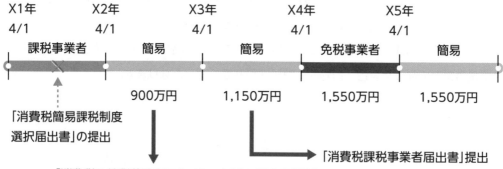

7 消費税簡易課税制度選択不適用届出書

概要

　簡易課税制度の適用をやめようとする場合、その適用を受けることをやめようとする課税期間の初日の前日までに「消費税簡易課税制度選択不適用届出書」を所轄税務署長に提出する必要があります。

　第4章でも説明しましたように、簡易課税制度のメリットは売上げに係る消費税から控除できる消費税の計算が簡便です。また、みなし仕入率は実際の原則計算で計算するよりも有利なケースが多いです。

　ただし、売上げに係る消費税を基に控除できる消費税を計算するため、還付は基本ありません。ある課税期間で多額の設備の取得をする際は、簡易課税制度で売上げに係る消費税から控除できる消費税の計算をするよりも原則計算で計算をした方が還付が生じますので、そういう場合は簡易課税制度の適用をやめようとする前課税期間の末日までに「消費税簡易課税制度選択不適用届出書」を提出する必要があります。

「消費税簡易課税制度選択不適用届出書」を提出するタイミング

　「消費税簡易課税制度選択不適用届出書」は、簡易課税制度を採用した課税期間の初日から2年を経過する日の属する課税期間の初日以降でなければ提出することができません。「消費税簡易課税制度選択不適用届出書」を提出した課税期間の翌課税期間において簡易課税制度の効力を失いますので、最低2年間は継続して簡易課税制度の方法で売上げに係る消費税から控除できる消費税の計算をすることとなります。

8 消費税課税期間 特例選択・変更届出書

原則課税期間

❶ 個人事業者…暦年

❷ 法人…事業年度

　ただし、課税期間を３か月ごとか１か月ごとに変更することが認められています。

　その場合、「消費税課税期間特例選択・変更届出書」を提出することとなります。

課税期間を短縮するメリットがある事業者は輸出業者

　消費税を申告・納付するタイミングは、原則１年ごとになります。売上げに係る消費税が仕入れに係る消費税よりも多ければ、消費税を納税することとなります。しかし、売上げに係る消費税よりも仕入れに係る消費税の方が多ければ、還付を受けることができます。

　つまり、原則の課税期間では還付のサイクルも年１回になります。

　しかし、課税資産を輸出している事業者の場合、売上げに係る消費税が少なく、仕入れに係る消費税が多額となるため、申告を行うことによって消費税の還付を受けるケースがでてきます。資金繰りのことを考えると、できうる限り戻ってくるお金は早いほうがいいと思うでしょう。そこで、課税期間を短縮することにより、還付のサイクルを早くする方法を取る事業者が多くなります。

　課税期間は３か月ごとか１か月ごとのいずれかに短縮することができます。

　短縮する場合は、その短縮を受けたい課税期間の初日の前日までに届出書を提出する必要があります。

　また、３か月から１か月、１か月から３か月と変更することができます。

　ただし、一度この届出書を提出すると、２年間は変更することができません。

● 個人事業者（1年決算法人）が3か月ごとの課税期間を選択した場合

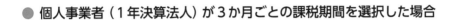

1/1　　課税期間　　4/1　　課税期間　　7/1　　課税期間　　10/1　　課税期間
　　　　　　　　　3/31　　　　　　　6/30　　　　　　　9/30　　　　　　　12/31

● 個人事業者（1年決算法人）が1か月ごとの課税期間を選択した場合

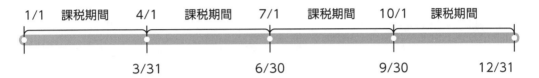

1/1
　　　　　　　　　　　　　　　　　　　　　　　　　　　　　　　　　12/31

　課税期間を短縮した場合、それぞれが課税期間となりますので、それぞれの課税期間の末日の翌日から2か月以内に確定申告をする必要があります。

　ただし、個人の12/31の属する課税期間の確定申告期限は、本来どおりの翌年の3/31となります。

● みなし課税期間

　例えば、個人事業者の場合、1月1日から3か月ごとの課税期間の短縮を受けるためにその前日である12月31日までに「消費税課税期間特例選択・変更届出書」を提出をするときれいに3か月ごとに課税期間ができます。

　ただし、5月15日に「消費税課税期間特例選択・変更届出書」を提出した場合、課税期間の短縮を受けるのは7月1日からになります。

　この場合1/1〜6/30はみなし課税期間として消費税の計算をします。

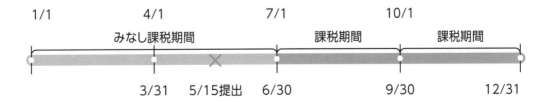

1/1　　　　　　　4/1　　　　　　　　7/1　　　　　　　10/1
　　　　　みなし課税期間　　　　　　　　　課税期間　　　　　　課税期間
　　　　　　　　　3/31　　5/15提出　6/30　　　　　　　9/30　　　　　　　12/31

9 消費税課税期間特例選択不適用届出書

概要

　課税期間の短縮の適用をやめようとする場合、やめようとする課税期間の前課税期間の末日までに、所轄税務署長に「消費税課税期間特例選択不適用届出書」を提出する必要があります。

　「消費税課税期間特例選択不適用届出書」を提出した翌課税期間からは本来の課税期間ごとに確定申告及び納付をしていくこととなります。

課税期間特例選択不適用届出書を提出するタイミング

　「消費税課税期間特例選択不適用届出書」は課税期間の短縮の規定の適用を受けた日の属する課税期間の初日から2年を経過する日の属する課税期間の初日以後でなければ提出することができません。

　一度規定の適用を受けた場合、2年間は継続適用をする必要があります。短縮したり原則に戻したりコロコロ変えることはできないということです。

　ですから、ある程度先を見越して届出書を提出する必要があります。

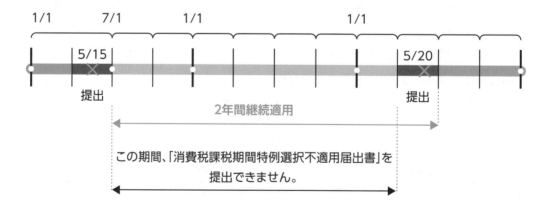

第7章

7

中間申告

中間申告

概要

　前課税期間の確定申告の差引税額（年間の納税額）の金額によって中間申告の回数が決められています。

● 中間申告の申告回数と納付税額の計算方法

前課税期間の差引税額	申告回数	計算方法（100円未満切捨）
4,800万円超	1か月中間申告（11回）	前期の差引税額÷前期の月数
400万円超4,800万円以下	3か月中間申告（3回）	前期の差引税額÷前期の月数×3
48万円超400万円以下	6か月中間申告（1回）	前期の差引税額÷前期の月数×6
48万円以下	申告不要	

中間申告の方法は2つある

　中間申告の方法は、前課税期間の実績に基づいて中間申告をしていく方法と仮決算による中間申告の方法があります。

　どちらを採用するかは事業者が選択することができます。

　前課税期間の実績に基づいて中間申告をする方法の場合は、税務署から中間申告書に金額（国税である消費税と地方税である地方消費税の合計額）が記載されて送られてきますので、申告期限までに申告して納付をすることとなります。

　仮決算による中間申告の方法を採用する場合の多くは、企業の業績が悪くなったことにより資金繰りが難しくなり、前課税期間の実績に基づいて計算された中間申告よりも、納税額が低い場合に採用されるケースが多いです。

　中間申告を申告期限までにしなかった場合は、その提出期限において前課税期間の実績による中間申告書の提出があったものとみなされます。

● 法人の場合の１か月中間申告

法人の場合の特例ですが、１か月中間申告の①の申告期限は、①の期間の末日の翌日から２か月以内になりますので、本来は、③の末日になります。ただし、①の期間では前課税期間の差引税額がまだ確定していません。前課税期間の確定申告期限は②の末日になるわけですから、確定できていない差引税額では中間申告の判定はできませんので、前課税期間の確定申告の申告期限を考慮して、①の期間の中間申告の申告期限は①の期間の末日の翌日から３か月以内となっています。

● 個人の場合の１か月中間申告

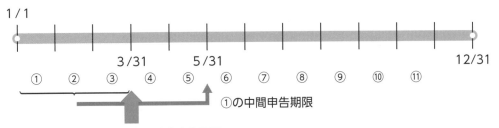

個人の場合は、１か月中間申告の①の申告期限は、①の期間の末日の翌日から２か月以内になりますので、３/31になります。つまり、前課税期間の確定申告期限と同日になります。前課税期間の差引税額がまだ確定していないのに中間申告をすることはできません。そのことを考慮して、①から③分の中間申告書の申告期限は、５/31となっています。

直前の課税期間が1年に満たない場合はその月数で計算する

　直前の課税期間が1年に満たない場合は、その直前の課税期間の月数で直前の課税期間の差し引き税額を除してそれぞれの中間申告回数を乗じて計算をします。

（例）直前の課税期間が9か月で差引税額が540万円の場合

$$540万円 \times \frac{12}{9} = 720万円　400万円超のため3か月中間申告$$

$$540万円 \times \frac{3}{9} = 180万円　3か月ごとに180万円中間申告納付$$

中間申告に法人の申告期限の特例はない

　先述したように、「法人税の申告期限の延長の特例」の適用を受ける法人が、「消費税申告期限延長届出書」を提出した場合には、その提出をした日の属する事業年度以後の各事業年度終了の日の属する課税期間に係る消費税の確定申告の期限を1か月延長することとなりましたが、「中間申告」（年11回中間申告を行う場合の1回目及び2回目の中間申告対象期間を除きます。）の期限や「課税期間の特例により短縮された課税期間」（事業年度終了の日の属する課税期間を除きます。）に係る確定申告の期限は延長されませんのでご注意ください。

第8章

消費税の申告と納付

1 確定申告

概要

　消費税の申告・納付期限は、原則1年ごとで、法人の場合は、その課税期間の翌日から2か月以内に申告・納付します。

　個人事業者の場合は、翌年の3月31日に申告・納付します。

法人の確定申告期限は、課税期間の末日の翌日から2か月以内

　法人である事業者は、課税期間ごとに、課税期間の末日の翌日から2か月以内、確定申告書をその納税地を所轄する税務署長に提出しなければなりません。

　課税期間は、先述したように原則は事業年度（1年）になります。

　「消費税課税期間特例選択・変更届出書」を提出して課税期間を1か月又は3か月に短縮している場合は、それぞれの課税期間の末日の翌日から2か月以内に消費税の確定申告書を提出することになります。

法人の申告期限の特例

　「法人税の申告期限の延長の特例」の適用を受ける法人が、「消費税申告期限延長届出書」を提出した場合には、その提出をした日の属する事業年度以後の各事業年度終了の日の属する課税期間に係る消費税の確定申告の期限を1か月延長することとされました。

　今までは、たとえ法人が法人税の申告期限を1か月延長している場合であっても消費税の確定申告期限は、その課税期間の末日の翌日から2か月以内でした。これでは、企業側の事務負担が増えますので、令和3年3月31日以後に終了する事業年度終了の日の属する課税期間から適用されることとなりました。

　なお、この特例の適用により、消費税の確定申告の期限が延長された期間の消費税及び地方消費税の納付については、その延長された期間に係る利子税を併せて納付することとなります。

個人の確定申告期限は、翌年3月31日

個人事業者の場合の課税期間は暦年の1月1日から12月31日となります。

確定申告期限は翌年3月31日となります。所得税の確定申告は3月15日ですが、消費税は3月31日となり申告期限が異なりますので、ご注意ください。

「消費税課税期間特例選択変更届出書」を提出して課税期間を1か月又は3か月に短縮している場合は、それぞれの課税期間の末日の翌日から2か月以内に消費税の確定申告書を提出することになります。ただし、12月末日の属する課税期間の確定申告期限は、翌年3月31日となります。

2 修正申告と更正の請求

申告した確定申告に誤りがあった場合の取扱いを見ていきます。

納付税額が増える場合は、修正申告

あなたが申告した確定申告書について、誤りがあり税額を少なく申告していた場合は、修正申告書を提出することになります。

また、申告した確定申告書が還付申告書で、誤りがあったことによりその還付額が過大であった場合についても、修正申告書を提出することになります。

修正申告の場合は、正しい税額と誤った税額との差額について、追加で納める税金に関して延滞税が発生します。延滞税の税率は年7.3％ですが、納付期限の翌日から2か月を過ぎると14.3％まで上がるので注意しましょう。

また、税務調査を受けた結果、税務署からの申告書について過少であると指摘されたことにより、修正申告を行った場合は過少申告加算税も課されます。これは追加で納める税金の10％～15％に当たる額となります。

納付税額が減る場合は、更正の請求

あなたが申告した確定申告書について、誤りがあり税額を過大に申告していた場合は、更正の請求をすることになります。

更正の請求は、「更正の請求書」を税務署長に提出します。そして、その更正の請求の理由となる「事実を証明する書類」の添付が必要になります。

「事実を証明する書類」とは、経費の計上漏れであった場合には、その領収書などです。税務署が更正をするためには資料がなければ、「更正の請求」された事実が正しいのかどうか判断することができないためです。

　なお、更正の請求は法定申告期限から5年以内に行う必要があり、原則としてそれを過ぎると請求できなくなりますのでご注意ください。

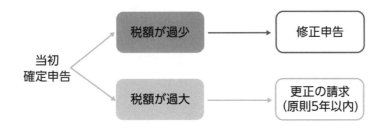

第9章

9

第**9**章

申告事例

1 原則計算の場合の申告事例

原則計算の場合の申告書の作成を見ていきます。

【付表の作成順序】

❶ **付表1－3　①、②**

❷ **付表2－3**

❸ **付表1－3　④～⑬**

❹ **第二表**

❺ **第一表**

❶ 付表1－3　①、② の作成

「課税取引金額計算表」の売上の額を付表にしていきます。

①－1欄　税抜金額を記入。（①D÷1.08　①F÷1.1）

①　　欄　千円未満切捨した金額を記入。

②　　欄　①の金額からそれぞれの税率を乗じた金額を記入。

❷ 付表2－3の作成

①　　欄　「課税取引金額計算表」の売上高の税抜金額の計算して記入。

　　　　　（付表1－3　①－1欄）

④　　欄　①+②+③の合計を記入。

⑥　　欄　受取利息などの非課税売上高を記入。（今回はなし）

⑦　　欄　⑤+⑥の合計記入。

⑧　　欄　④／⑦　（小数点2位まで記入）

⑨　　欄　「課税取引金額計算表」の課税仕入高の金額（税込金額）を記入。（㉞D、㉞F）

⑩　　欄　⑨の金額に消費税額に$\frac{7.8}{110}$ $\left(\frac{6.24}{108}\right)$ を乗じた金額を記入。

　　　　　（㉞D÷108×6.24　㉞F÷110×7.8）

⑪　　欄　「課税取引金額計算表」の経過措置（8割控除）の適用を受ける課税仕入高の金額を記入。（㉞E、㉞G）

⑫　欄　⑪の金額に7.8/110×0.8（6.24/108×0.8）を乗じた金額を記入。

(㉞E÷108×6.24×0.8　㉞G÷110×7.8×0.8)

⑰　欄　⑩＋⑫＋⑭＋⑮±⑯の合計を記入。

⑱　欄　課税売上割合が95％以上のため⑰の金額を記入。

㉖　欄　⑱±㉓±㉔±㉕がプラスの時。

❸ 付表1－3　④〜⑬の作成

④　欄　付表2－3㉖の金額を記入。

⑦　欄　④＋⑤＋⑥の合計を記入。

⑨　欄　②＋③－⑦の合計を記入。

⑪　欄　⑨の金額を記入。

⑬　欄　⑪の金額に$\frac{22}{78}$を乗じた金額を記入。

❹ 第二表の作成

付表1－3の該当する金額を記入。

❺ 第一表の作成

付表1－3、2－3のC欄の該当する金額を記入。

（令和 7 年分）

科目		決算額 A	Aのうち課税取引にならないもの（※1） B	課税取引金 （A−B） C
売上（収入）金額 （雑収入を含む）	①	17,797,207 円	150,000 円	17,647,20

科目			決算額 A	Aのうち課税取引にならないもの（※1） B	課税取引金 （A−B） C
売上原価	期首商品棚卸高	②	284,350		
	仕 入 金 額	③	6,042,615		6,042,615
	小 計	④	6,326,965		
	期末商品棚卸高	⑤	298,543		
	差 引 原 価	⑥	6,028,422		
差 引 金 額		⑦	11,768,785		
経費	租 税 公 課	⑧	2,000	2,000	
	荷 造 運 賃	⑨	4,050		4,050
	水 道 光 熱 費	⑩	486,104		486,104
	旅 費 交 通 費	⑪	78,610		78,610
	通 信 費	⑫	445,331		445,331
	広 告 宣 伝 費	⑬	342,000		342,000
	接 待 交 際 費	⑭	187,227		187,227
	損 害 保 険 料	⑮	360,000	360,000	
	修 繕 費	⑯	135,443		135,443
	消 耗 品 費	⑰	438,043		438,043
	減 価 償 却 費	⑱	100,000	100,000	
	福 利 厚 生 費	⑲	38,269		38,269
	給 料 賃 金	⑳	1,200,000	1,200,000	
	外 注 工 賃	㉑			
	利 子 割 引 料	㉒			
	地 代 家 賃	㉓	3,168,000		3,168,000
	貸 倒 金	㉔			
	諸 会 費	㉕	40,500	24,000	16,500
	リ ー ス 料	㉖	330,000		330,000
	会 議 費	㉗	565,504		565,504
	支 払 手 数 料	㉘	555,348	456,348	99,000
	車 両 費	㉙	35,168		35,168
		㉚			
	雑 費	㉛	152,500	2,500	150,000
	計	㉜	8,664,097	2,144,848	6,519,249
差 引 金 額		㉝	3,104,688		
③＋㉜		㉞	14,706,712		12,561,864

※1 B欄には、非課税取引、輸出取引等、不課税取引を記入します。
　　また、売上原価・経費に特定課税仕入れに係る支払対価の額が含まれてい
※2 斜線がある欄は、一般的な取引において該当しない項目です。

表イー1

計算表

（事業所得用）

うち軽減税率6.24%適用分		うち標準税率7.8%適用分	
D	E	F	G
円	円	円	円
385,342		17,261,865	

うち軽減税率6.24%適用分		うち標準税率7.8%適用分	
課税仕入高	経過措置（8割控除）の適用を受ける課税仕入高	課税仕入高	経過措置（8割控除）の適用を受ける課税仕入高
D	E	F	G
4,331,431	123,651	1,535,401	52,132
		4,050	
		486,104	
		78,610	
		445,331	
		342,000	
58,715		83,512	45,000
		135,443	
		438,043	
35,054		3,215	
		3,168,000	
		16,500	
		330,000	
97,351		443,153	25,000
		99,000	
		35,168	
		150,000	
191,120		6,258,129	70,000
4,522,551	123,651	7,793,530	122,132

場合には、その金額もB欄に記入します。

第3-(1)号様式

令和　年　月　日　　　　　　　　　　　税務署長殿

収受印

納　税　地
（電話番号　　　－　　　－　　　）

（フリガナ）レストラン トヨトミ

屋　号　レストラン豊臣

個人番号

（フリガナ）トヨトミ ヒデ ヨシ

氏　名　豊臣　秀吉

※税務署処理欄	（個人の方）振替継続希望			

整理番号

申告年月日　令和　　年　　月　　日

申告区分　指導等　庁指定　局指定

通信日付印　確認　確認書類　個人番号カード　身元確認
通知カード・運転免許証
その他（　　　）

年　月　日

指導年月日　相談　区分1　区分2　区分3

令和

個人事業者用

第一表

自 令和 ⑦年 1 1月 1 1日

至 令和 ⑦年 1 2月 3 1日

課税期間分の消費税及び地方
消費税の（　確定　）申告書

中間申告
の場合の
対象期間

自 令和 　　年 　　月 　　日

至 令和 　　年 　　月 　　日

令和五年十月一日以後終了課税期間分（一般用）

この申告書による消費税の税額の計算

		金額	
課税標準額	①	1 6 0 4 8 0 0 0	03
消費税額	②	1 2 4 6 1 9 0	06
控除過大調整税額	③		07
控除税額 控除対象仕入税額	④	8 2 6 5 7 7	08
返還等対価に係る税額	⑤		09
貸倒れに係る税額	⑥		10
控除税額小計（④＋⑤＋⑥）	⑦	8 2 6 5 7 7	
控除不足還付税額（⑦－②－③）	⑧		13
差引税額（②＋③－⑦）	⑨	4 1 9 6 0 0	15
中間納付税額	⑩	0 0	16
納付税額（⑨－⑩）	⑪	4 1 9 6 0 0	17
中間納付還付税額（⑩－⑨）	⑫	0 0	18
この申告書が修正申告である場合 既確定税額	⑬		19
差引納付税額	⑭	0 0	20
課税売上割合 課税資産の譲渡等の対価の額	⑮	1 6 0 4 9 4 0 2	21
資産の譲渡等の対価の額	⑯	1 6 0 4 9 4 0 2	22

この申告書による地方消費税の税額の計算

		金額	
地方消費税の課税標準となる消費税額 控除不足還付税額	⑰		51
差引税額	⑱	4 1 9 6 0 0	52
譲渡割額 還付額	⑲		53
納税額	⑳	1 1 8 3 0 0	54
中間納付譲渡割額	㉑	0 0	55
納付譲渡割額（⑳－㉑）	㉒	1 1 8 3 0 0	56
中間納付還付譲渡割額（㉑－⑳）	㉓	0 0	57
この申告書が修正申告である場合 既確定譲渡割額	㉔		58
差引納付譲渡割額	㉕		59
消費税及び地方消費税の合計(納付又は還付)税額	㉖	5 3 7 9 0 0	60

⑪・⑫又は⑫・㉓の記入をお忘れなく。

㉖＝（⑪＋㉒）－（⑧＋⑫＋⑲＋㉓）・修正申告の場合 ㉖＝⑭＋㉕
㉖が還付税額となる場合はマイナス「-」を付してください。

付記事項参考事項			有	無	
割賦基準の適用			有	無	31
延払基準等の適用			有	無	32
工事進行基準の適用			有	無	33
現金主義会計の適用			有	無	34
課税標準額に対する消費税額の計算の特例の適用			有	無	35

控除税額の計算方法	課税売上高5億円超又は課税売上割合95%未満	個別対応方式	
		一括比例配分方式	41
上記以外	○	全額控除	

基準期間の課税売上高　　　　　千円

税額控除に係る経過措置の適用（2割特例）42

還付を受けようとする金融機関等

銀行　本店・支店
金庫・組合　出張所
農協・漁協　本所・支所

預金　口座番号

ゆうちょ銀行の貯金記号番号　　　－

郵便局名等

（個人の方）公金受取口座の利用

※税務署整理欄

税理士署名

（電話番号　　　－　　　－　　　）

税理士法第30条の書面提出有

税理士法第33条の2の書面提出有

※ 2割特例による申告の場合、⑱欄に⑪欄の数字を記載し、
⑱欄×22/78から算出された金額を⑳欄に記載してください。

第3−(2)号様式
課税標準額等の内訳書

GK0602

納 税 地	（電話番号　　　−　　　−　　　）
（フリガナ）屋　号	レストラン トヨトミ／レストラン豊臣
（フリガナ）氏　名	トヨトミ ヒデ ヨシ／豊臣　秀吉

整理番号 ☐☐☐☐☐☐☐☐　　個人事業者用

改正法附則による税額の特例計算

| 軽減売上割合（10営業日） | ☐ | 附則38① | 51 |
| 小売等軽減仕入割合 | ☐ | 附則38② | 52 |

自 令和 7年 1月 1日
至 令和 7年12月31日

課税期間分の消費税及び地方消費税の（　確定　）申告書

中間申告の場合の対象期間　自 令和 ☐☐年☐☐月☐☐日　至 令和 ☐☐年☐☐月☐☐日

課　税　標　準　額　※申告書（第一表）の①欄へ	①	1 6 0 4 8 0 0 0	01

課税資産の譲渡等の対価の額の合計額	3 % 適用分	②		02
	4 % 適用分	③		03
	6.3 % 適用分	④		04
	6.24 % 適用分	⑤	3 5 6 7 9 8	05
	7.8 % 適用分	⑥	1 5 6 9 2 6 0 4	06
	（②〜⑥の合計）	⑦	1 6 0 4 9 4 0 2	07
特定課税仕入れに係る支払対価の額の合計額（注1）	6.3 % 適用分	⑧		11
	7.8 % 適用分	⑨		12
	（⑧・⑨の合計）	⑩		13

消　費　税　額　※申告書（第一表）の②欄へ	⑪	1 2 4 6 1 9 0	21
⑪の内訳　3 % 適用分	⑫		22
4 % 適用分	⑬		23
6.3 % 適用分	⑭		24
6.24 % 適用分	⑮	2 2 2 1 4	25
7.8 % 適用分	⑯	1 2 2 3 9 7 6	26

返　還　等　対　価　に　係　る　税　額　※申告書（第一表）の⑤欄へ	⑰		31
⑰の内訳　売上げの返還等対価に係る税額	⑱		32
特定課税仕入れの返還等対価に係る税額（注1）	⑲		33

地方消費税の課税標準となる消費税額（注2）	（㉑〜㉓の合計）	⑳	4 1 9 6 0 0	41
	4 % 適用分	㉑		42
	6.3 % 適用分	㉒		43
	6.24%及び7.8% 適用分	㉓	4 1 9 6 0 0	44

（注1）⑧〜⑩及び⑲欄は、一般課税により申告する場合で、課税売上割合が95%未満、かつ、特定課税仕入れがある事業者のみ記載します。
（注2）⑳〜㉓欄が還付税額となる場合はマイナス「−」を付してください。

第4-(9)号様式

付表1-3　税率別消費税額計算表 兼 地方消費税の課税標準となる消費税額計算表

一 般

課 税 期 間	7・1・1 ～ 7・12・31	氏名又は名称	豊臣　秀吉

区　　　分		税率6.24%適用分 A	税率7.8%適用分 B	合　計　C (A＋B)
課 税 標 準 額	①	356,000	15,692,000	16,048,000
①の内訳 課税資産の譲渡等の対価の額	①-1	356,798	15,692,604	16,049,402
特定課税仕入れに係る支払対価の額	①-2			
消 費 税 額	②	22,214	1,223,976	1,246,190
控除過大調整税額	③			
控除税額 控除対象仕入税額	④	267,017	559,560	826,577
返還等対価に係る税額	⑤			
⑤の内訳 売上げの返還等対価に係る税額	⑤-1			
特定課税仕入れの返還等対価に係る税額	⑤-2			
貸倒れに係る税額	⑥			
控除税額小計(④+⑤+⑥)	⑦	267,017	559,560	826,577
控除不足還付税額(⑦-②-③)	⑧			
差 引 税 額(②+③-⑦)	⑨			419,600
地方消費税の課税標準となる消費税額 控除不足還付税額(⑧)	⑩			
差 引 税 額(⑨)	⑪			419,600
譲渡割額 還 付 額	⑫			
納 税 額	⑬			118,300

注意　金額の計算においては、1円未満の端数を切り捨てる。

（R5.10.1以後終了課税期間用）

162

付表2－3　課税売上割合・控除対象仕入税額等の計算表　　　　　　　　　　　　　　一　般

課税期間	7・1・1～ 7・12・31	氏名又は名称	豊臣　秀吉	

売上 － 売上値引等

		税率6.24％適用分 A	税率7.8％適用分 B	合　計　C (A＋B)
課　税　売　上　額（税抜き）①		356,798 円	15,692,604 円	16,049,402 円
免　税　売　上　額 ②				
非課税資産の輸出等の金額、海外支店等へ移送した資産の価額 ③				
課税資産の譲渡等の対価の額（①＋②＋③）④				※第一表の⑮欄へ 16,049,402
課税資産の譲渡等の対価の額（④の金額）⑤				16,049,402
非　課　税　売　上　額 ⑥				
資産の譲渡等の対価の額（⑤＋⑥）⑦				※第一表の⑯欄へ 16,049,402
課　税　売　上　割　合（④／⑦）⑧				〔100.00％〕※端数切捨て
課税仕入れに係る支払対価の額（税込み）⑨		4,522,551	7,793,530	12,316,081
課税仕入れに係る消費税額 ⑩		261,302	552,632	813,934
適格請求書発行事業者以外の者から行った課税仕入れに係る経過措置の適用を受ける課税仕入れに係る支払対価の額(税込み)⑪		123,651	122,132	245,783
適格請求書発行事業者以外の者から行った課税仕入れに係る経過措置により課税仕入れに係る消費税額とみなされる額 ⑫		5,715	6,928	12,643
特定課税仕入れに係る支払対価の額 ⑬			⑫及び⑬欄は、課税売上割合が95％未満、かつ、特定課税仕入れがある事業者のみ記載する。	
特定課税仕入れに係る消費税額 ⑭			(⑬B欄×7.8/100)	
課税貨物に係る消費税額 ⑮				

仕入高 － 仕入値引等

		A	B	C
課税仕入れ等の税額の合計額（⑩＋⑫＋⑭＋⑮±⑯）⑰		267,017	559,560	826,577
課税売上高が５億円以下かつ課税売上割合が95％以上の場合（⑰の金額）⑱		267,017	559,560	826,577
⑰のうち、課税売上げにのみ要するもの ⑲				
⑰のうち、課税売上げと非課税売上げに共通して要するもの ⑳				
個別対応方式により控除する課税仕入れ等の税額〔⑲＋（⑳×④／⑦）〕㉑				
一括比例配分方式により控除する課税仕入れ等の税額（⑰×④／⑦）㉒				
課税売上割合変動時の調整対象固定資産に係る消費税額の調整（加算又は減算）額 ㉓				
調整対象固定資産を課税業務用（非課税業務用）に転用した場合の調整（加算又は減算）額 ㉔				
居住用賃貸建物を課税賃貸用に供した（譲渡した）場合の加算額 ㉕				
控除対象仕入税額〔（⑱、㉑又は㉒の金額）±㉓±㉔＋㉕〕がプラスの時 ㉖		※付表1-3の④A欄へ 267,017	※付表1-3の④B欄へ 559,560	826,577
控除過大調整税額〔（⑱、㉑又は㉒の金額）±㉓±㉔＋㉕〕がマイナスの時 ㉗		※付表1-3の③A欄へ	※付表1-3の③B欄へ	
貸倒回収に係る消費税額 ㉘		※付表1-3の③A欄へ	※付表1-3の③B欄へ	

注意　1　金額の計算においては、1円未満の端数を切り捨てる。
　　　2　⑨、⑪及び⑬欄には、値引き、割戻し、割引きなど仕入対価の返還等の金額がある場合(仕入対価の返還等の金額を仕入金額から直接減額している場合を除く。)には、その金額を控除した後の金額を記載する。
　　　3　⑪及び⑫欄の経過措置とは、所得税法等の一部を改正する法律(平成28年法律第15号)附則第52条又は第53条の適用がある場合をいう。

（R5.10.1以後終了課税期間用）

163

2 簡易課税制度の場合の申告事例

簡易課税制度の場合の申告書の作成を見ていきます。

【付表の作成順序】

❶ 付表4－3　①、②

❷ 付表5－3

❸ 付表4－3　④～⑬

❹ 第二表

❺ 第一表

❶ 付表4－3　①、②、⑤の作成

「課税取引金額計算表」の売上高の金額を付表に転記していきます。

①－1欄　税抜金額を記入。（①D÷1.08、①F÷1.1）

①　　欄　千円未満切捨した金額を記入。

②　　欄　①の金額からそれぞれの税率を乗じた金額を記入。

❷ 付表5－3の作成

①　　欄　付表4－3②の金額を記入。

④　　欄　①+②-③の合計を記入。

⑤　　欄　④の金額にみなし仕入率を掛けた金額を記入。

※今回は1業種なのでⅡ欄のみですが、2業種以上ある場合はⅢ欄の作成になります。

❸ 付表4－3　④～⑬の作成

④　　欄　　付表5－3⑤の金額を記入。（2業種以上ある場合は付表5－3㊲）

⑦　　欄　④+⑤+⑥の合計を記入。

⑨　　欄　②+③-⑦の合計を記入。

⑪　　欄　⑨の金額を記入。

⑬　　欄　⑪の金額に$\frac{22}{78}$を乗じた金額を記入。

❹ **第二表の作成**

付表４−３の該当する金額を記入。

❺ **第一表の作成**

付表４−３、５−３のＣ欄の該当する金額を記入。

（令和 7 年分）

科目		決算額 A	Aのうち課税取引にな らないもの（※1） B	課税取引金 （A-B） C
売上（収入）金額 （雑収入を含む）	①	17,797,207 円	150,000 円	17,647,20

	科目		決算額 A	Aのうち課税取引に ならないもの（※1） B	課税取引金 （A-B） C
売上原価	期首商品棚卸高	②	284,350		
	仕 入 金 額	③	6,042,615		6,042,615
	小 計	④	6,326,965		
	期末商品棚卸高	⑤	298,543		
	差 引 原 価	⑥	6,028,422		
差 引 金 額		⑦	11,768,785		
経費	租 税 公 課	⑧	2,000	2,000	
	荷 造 運 賃	⑨	4,050		4,050
	水 道 光 熱 費	⑩	486,104		486,104
	旅 費 交 通 費	⑪	78,610		78,610
	通 信 費	⑫	445,331		445,331
	広 告 宣 伝 費	⑬	342,000		342,000
	接 待 交 際 費	⑭	187,227		187,227
	損 害 保 険 料	⑮	360,000	360,000	
	修 繕 費	⑯	135,443		135,443
	消 耗 品 費	⑰	438,043		438,043
	減 価 償 却 費	⑱	100,000	100,000	
	福 利 厚 生 費	⑲	38,269		38,269
	給 料 賃 金	⑳	1,200,000	1,200,000	
	外 注 工 賃	㉑			
	利 子 割 引 料	㉒			
	地 代 家 賃	㉓	3,168,000		3,168,000
	貸 倒 金	㉔			
	諸 会 費	㉕	40,500	24,000	16,500
	リ ー ス 料	㉖	330,000		330,000
	会 議 費	㉗	565,504		565,504
	支 払 手 数 料	㉘	555,348	456,348	99,000
	車 両 費	㉙	35,168		35,168
		㉚			
	雑 費	㉛	152,500	2,500	150,000
	計	㉜	8,664,097	2,144,848	6,519,249
差 引 金 額		㉝	3,104,688		
	③＋㉜	㉞	14,706,712		12,561,864

※1 B欄には、非課税取引、輸出取引等、不課税取引を記入します。
　　 また、売上原価・経費に特定課税仕入れに係る支払対価の額が含まれてい
※2 斜線がある欄は、一般的な取引において該当しない項目です。

表イー1

計算表

（事業所得用）

うち軽減税率6.24%適用分		うち標準税率7.8%適用分	
D	E	F	G
385,342 円	円	17,261,865 円	円

うち軽減税率6.24%適用分		うち標準税率7.8%適用分	
課税仕入高	経過措置（8割控除）の適用を受ける課税仕入高	課税仕入高	経過措置（8割控除）の適用を受ける課税仕入高
D	E	F	G
4,331,431	123,651	1,535,401	52,132
		4,050	
		486,104	
		78,610	
		445,331	
		342,000	
58,715		83,512	45,000
		135,443	
		438,043	
35,054		3,215	
		3,168,000	
		16,500	
		330,000	
97,351		443,153	25,000
		99,000	
		35,168	
		150,000	
191,120		6,258,129	70,000
4,522,551	123,651	7,793,530	122,132

太枠の箇所は課税売上高計算表及び課税仕入高計算表へ転記します。

合には、その金額もB欄に記入します。

GKO407

令和　年　月　日　　　　　　　　税務署長殿

（個人の方）振替継続希望

個人事業者用 第一表

納　税　地　（電話番号　　　　　）

（フリガナ）レストラン　トヨトミ

屋　号　レストラン豊臣

個人番号

（フリガナ）トヨトミ　ヒデヨシ

氏　名　豊臣　秀吉

※税務署処理欄

整理番号

申告年月日　令和　　年　　月　　日

申告区分　指導等　庁指定　局指定

通信日付印　確認　個人番号カード　身元確認
通知カード・運転免許証
その他（　　）

年　月　日

指導　年　月　日　相談　区分1　区分2　区分3

令和

自 令和 7年 1月 1日

至 令和 7年 12月 31日

課税期間分の消費税及び地方消費税の（　確定　）申告書

中間申告の場合の対象期間　自 令和　　年　　月　　日　至 令和　　年　　月　　日

令和五年十月一日以後終了課税期間分（簡易課税用）

この申告書による消費税の税額の計算

項目		金額	
課税標準額	①	160 48 000	03
消費税額	②	1 246 190	06
貸倒回収に係る消費税額	③		07
控除税額 控除対象仕入税額	④	747 714	08
返還等対価に係る税額	⑤		09
貸倒れに係る税額	⑥		10
控除税額小計（④+⑤+⑥）	⑦	747 714	
控除不足還付税額（⑦-②-③）	⑧		13
差引税額（②+③-⑦）	⑨	498 400	15
中間納付税額	⑩	0 0	16
納付税額（⑨-⑩）	⑪	498 400	
中間納付還付税額（⑩-⑨）	⑫	0 0	18
この申告書が修正申告である場合 既確定税額	⑬		19
差引納付税額	⑭	0 0	20
この課税期間の課税売上高	⑮	16 049 402	21
基準期間の課税売上高	⑯	14 576 246	

この申告書による地方消費税の税額の計算

項目		金額	
地方消費税の課税標準となる消費税額 控除不足還付税額	⑰		51
差引税額	⑱	498 400	52
譲渡割額 還付額	⑲		53
納税額	⑳	140 500	54
中間納付譲渡割額	㉑	0 0	55
納付譲渡割額（⑳-㉑）	㉒	140 500	56
中間納付還付譲渡割額（㉑-⑳）	㉓	0 0	57
この申告書が修正申告である場合 既確定譲渡割額	㉔		58
差引納付譲渡割額	㉕	0 0	59
消費税及び地方消費税の合計（納付又は還付）税額	㉖	638 900	60

⑪・㉒又は⑫・㉓の記入をお忘れなく。

㉖=（⑪+㉒）-（⑧+⑫+⑲+㉓）・修正申告の場合⑭=⑭+㉕
㉖が還付税額となる場合はマイナス「-」を付してください。

付記事項・参考事項

項目	有	無	
割賦基準の適用		無	31
延払基準等の適用		無	32
工事進行基準の適用		無	33
現金主義会計の適用		無	34
課税標準額に対する消費税額の計算の特例の適用		無	35

区分	課税売上高（免税売上高を除く）千円	売上割合 %	
第1種			36
第2種			37
第3種			38
第4種	16,049	100.0	39
第5種			42
第6種			43

特例計算適用（令57③）　有　○無　40

税額控除に係る経過措置の適用（2割特例）　44

還付を受けようとする金融機関等

銀　行　本店・支店
金庫・組合　出張所
農協・漁協　本所・支所

預金　口座番号

ゆうちょ銀行の貯金記号番号　－

郵便局名等

（個人の方）公金受取口座の利用

※税務署整理欄

税理士署名　（電話番号　－　－　）

税理士法第30条の書面提出有

税理士法第33条の2の書面提出有

※ 2割特例による申告の場合、⑮欄に⑪欄の数字を記載し、⑱欄×22/78から算出された金額を㉑欄に記載してください。

第3-(2)号様式

課税標準額等の内訳書

GK0602

整理番号 □□□□□□□□　個人事業者用

改正法附則による税額の特例計算		
軽減売上割合（10営業日）	□	附則38① 51
小売等軽減仕入割合	□	附則38② 52

納 税 地	
	（電話番号　　　－　　　－　　　）
（フリガナ）	レストラン トヨトミ
屋　　号	レストラン豊臣
（フリガナ）	トヨトミ ヒデヨシ
氏　　名	豊臣　秀吉

自 令和 7年 1月 1日
至 令和 7年 12月 31日

課税期間分の消費税及び地方消費税の（ 確定 ）申告書

中間申告
の場合の
対象期間
自 令和 □年 □月 □日
至 令和 □年 □月 □日

第二表

令和四年四月一日以後終了課税期間分

課　税　標　準　額 ※申告書（第一表）の①欄へ	①	十兆 千 百 十 億 千 百 十 万 千 百 十 一 円	
		16048000	01

課税資産の譲渡等の対価の額の合計額	3 % 適用分	②		02
	4 % 適用分	③		03
	6.3 % 適用分	④		04
	6.24 % 適用分	⑤	356798	05
	7.8 % 適用分	⑥	15692604	06
	（②～⑥の合計）	⑦	16049402	07
特定課税仕入れに係る支払対価の額の合計額 （注1）	6.3 % 適用分	⑧		11
	7.8 % 適用分	⑨		12
	（⑧・⑨の合計）	⑩		13

消　費　税　額 ※申告書（第一表）の②欄へ		⑪	1246190	21
⑪ の 内 訳	3 % 適用分	⑫		22
	4 % 適用分	⑬		23
	6.3 % 適用分	⑭		24
	6.24 % 適用分	⑮	22214	25
	7.8 % 適用分	⑯	1223976	26

返　還　等　対　価　に　係　る　税　額 ※申告書（第一表）の⑤欄へ		⑰		31
⑰の内訳	売上げの返還等対価に係る税額	⑱		32
	特定課税仕入れの返還等対価に係る税額（注1）	⑲		33

地方消費税の課税標準となる消費税額	（㉑～㉓の合計）	⑳	498400	41
	4 % 適用分	㉑		42
	6.3 % 適用分	㉒		43
（注2）	6.24％及び7.8％ 適用分	㉓	498400	44

(注1) ⑧～⑩及び⑲欄は、一般課税により申告する場合で、課税売上割合が95％未満、かつ、特定課税仕入れがある事業者のみ記載します。
(注2) ⑳～㉓欄が還付税額となる場合はマイナス「－」を付してください。

第4-(11)号様式

付表4－3　税率別消費税額計算表　兼　地方消費税の課税標準となる消費税額計算表

簡易

課税期間	7・1・1 ～ 7・12・31	氏名又は名称	豊臣　秀吉

区　分		税率6.24％適用分 A	税率7.8％適用分 B	合計 C （A＋B）
課税標準額	①	356,000 円	15,692,000 円	※第二表の①欄へ 16,048,000 円
課税資産の譲渡等の対価の額	①-1	※第二表の⑤欄へ 356,798	※第二表の⑥欄へ 15,692,604	※第二表の⑦欄へ 16,049,402
消費税額	②	※付表5-3の①A欄へ ※第二表の⑮欄へ 22,214	※付表5-3の①B欄へ ※第二表の⑯欄へ 1,223,976	※付表5-3の①C欄へ ※第二表の⑪欄へ 1,246,190
貸倒回収に係る消費税額	③	※付表5-3の②A欄へ	※付表5-3の②B欄へ	※付表5-3の②C欄へ ※第一表の③欄へ
控除税額 控除対象仕入税額	④	(付表5-3の⑤A欄又は㊲A欄の金額) 13,328	(付表5-3の⑤B欄又は㊲B欄の金額) 734,385	(付表5-3の⑤C欄又は㊲C欄の金額) ※第一表の④欄へ 747,714
返還等対価に係る税額	⑤	※付表5-3の③A欄へ	※付表5-3の③B欄へ	※付表5-3の③C欄へ ※第二表の⑰欄へ
貸倒れに係る税額	⑥			※第一表の⑥欄へ
控除税額小計 （④＋⑤＋⑥）	⑦	13,328	734,385	※第一表の⑦欄へ 747,714
控除不足還付税額 （⑦－②－③）	⑧			※第一表の⑧欄へ
差引税額 （②＋③－⑦）	⑨			※第一表の⑨欄へ 498,400
地方消費税の課税標準となる消費税額 控除不足還付税額 （⑧）	⑩			※第一表の⑰欄へ ※マイナス「－」を付して第二表の⑳及び㉓欄へ
差引税額 （⑨）	⑪			※第一表の⑱欄へ ※第二表の⑳及び㉓欄へ 498,400
譲渡割額 還付額	⑫			(⑩C欄×22/78) ※第一表の⑲欄へ
納税額	⑬			(⑪C欄×22/78) ※第一表の⑳欄へ 140,500

注意　金額の計算においては、1円未満の端数を切り捨てる。

（R1.10.1以後終了課税期間用）

売上の返還等は入らない

第4-(12)号様式

付表5−3　控除対象仕入税額等の計算表　　[簡　易]

課税期間	7・1・1～ 7・12・31	氏名又は名称	豊臣　秀吉

Ⅰ　控除対象仕入税額の計算の基礎となる消費税額

項　目	税率6.24%適用分 A	税率7.8%適用分 B	合　計　C (A＋B)
課 税 標 準 額 に 対 す る 消 費 税 額 ①	(付表4-3の②A欄の金額) 円 22,214	(付表4-3の②B欄の金額) 円 1,223,976	(付表4-3の②C欄の金額) 円 1,246,190
貸 倒 回 収 に 係 る 消 費 税 額 ②	(付表4-3の③A欄の金額)	(付表4-3の③B欄の金額)	(付表4-3の③C欄の金額)
売 上 対 価 の 返 還 等 に 係 る 消 費 税 額 ③	(付表4-3の⑤A欄の金額)	(付表4-3の⑤B欄の金額)	(付表4-3の⑤C欄の金額)
控除対象仕入税額の計算 の 基 礎 と な る 消 費 税 額 （ ① ＋ ② － ③ ） ④	22,214	1,223,976	1,246,190

Ⅱ　1種類の事業の専業者の場合の控除対象仕入税額

項　目	税率6.24%適用分 A	税率7.8%適用分 B	合　計　C (A＋B)
④ × み な し 仕 入 率 ⑤ （ 90%・80%・70%・⑥0%・50%・40% ）	※付表4-3の④A欄へ 円 13,328	※付表4-3の④B欄へ 円 734,385	※付表4-3の④C欄へ 円 747,714

Ⅲ　2種類以上の事業を営む事業者の場合の控除対象仕入税額
(1) 事業区分別の課税売上高(税抜き)の明細

項　目	税率6.24%適用分 A	税率7.8%適用分 B	合　計　C (A＋B)	売上割合
事 業 区 分 別 の 合 計 額 ⑥	円	円	円	
第 一 種 事 業 （ 卸 売 業 ） ⑦			※第一表「事業区分」欄へ	%
第 二 種 事 業 （ 小 売 業 等 ） ⑧			※ 〃	
第 三 種 事 業 （ 製 造 業 等 ） ⑨			※ 〃	
第 四 種 事 業 （ そ の 他 ） ⑩			※ 〃	
第 五 種 事 業 （ サ ー ビ ス 業 等 ） ⑪			※ 〃	
第 六 種 事 業 （ 不 動 産 業 ） ⑫			※ 〃	

(2)　(1)の事業区分別の課税売上高に係る消費税額の明細

項　目	税率6.24%適用分 A	税率7.8%適用分 B	合　計　C (A＋B)
事 業 区 分 別 の 合 計 額 ⑬	円	円	円
第 一 種 事 業 （ 卸 売 業 ） ⑭			
第 二 種 事 業 （ 小 売 業 等 ） ⑮			
第 三 種 事 業 （ 製 造 業 等 ） ⑯			
第 四 種 事 業 （ そ の 他 ） ⑰			
第 五 種 事 業 （ サ ー ビ ス 業 等 ） ⑱			
第 六 種 事 業 （ 不 動 産 業 ） ⑲			

注意　1　金額の計算においては、1円未満の端数を切り捨てる。
　　　2　課税売上げにつき返品を受け又は値引き・割戻しをした金額（売上対価の返還等の金額）があり、売上（収入）金額から減算しない方法で経理して経費に含めている場合には、⑥から⑫欄には売上対価の返還等の金額（税抜き）を控除した後の金額を記載する。

(1／2)

(R1.10.1以後終了課税期間用)

(3) 控除対象仕入税額の計算式区分の明細
イ 原則計算を適用する場合

控除対象仕入税額の計算式区分	税率6.24%適用分 A	税率7.8%適用分 B	合　計　C (A＋B)
④ × みなし仕入率 $\left[\dfrac{⑭×90\%+⑮×80\%+⑯×70\%+⑰×60\%+⑱×50\%+⑲×40\%}{⑬}\right]$　㉟	円	円	円

ロ　特例計算を適用する場合
（イ）1種類の事業で75%以上

控除対象仕入税額の計算式区分	税率6.24%適用分 A	税率7.8%適用分 B	合　計　C (A＋B)
(⑦C/⑥C・⑧C/⑥C・⑨C/⑥C・⑩C/⑥C・⑪C/⑥C・⑫C/⑥C) ≧ 75% ④×みなし仕入率（90%・80%・70%・60%・50%・40%）　㉑	円	円	円

（ロ）2種類の事業で75%以上

控除対象仕入税額の計算式区分	税率6.24%適用分 A	税率7.8%適用分 B	合　計　C (A＋B)
第一種事業及び第二種事業 (⑦C＋⑧C) /⑥C≧75%　④ × $\dfrac{⑭×90\%+(⑬-⑭)×80\%}{⑬}$　㉒	円	円	円
第一種事業及び第三種事業 (⑦C＋⑨C) /⑥C≧75%　④ × $\dfrac{⑭×90\%+(⑬-⑭)×70\%}{⑬}$　㉓			
第一種事業及び第四種事業 (⑦C＋⑩C) /⑥C≧75%　④ × $\dfrac{⑭×90\%+(⑬-⑭)×60\%}{⑬}$　㉔			
第一種事業及び第五種事業 (⑦C＋⑪C) /⑥C≧75%　④ × $\dfrac{⑭×90\%+(⑬-⑭)×50\%}{⑬}$　㉕			
第一種事業及び第六種事業 (⑦C＋⑫C) /⑥C≧75%　④ × $\dfrac{⑭×90\%+(⑬-⑭)×40\%}{⑬}$　㉖			
第二種事業及び第三種事業 (⑧C＋⑨C) /⑥C≧75%　④ × $\dfrac{⑮×80\%+(⑬-⑮)×70\%}{⑬}$　㉗			
第二種事業及び第四種事業 (⑧C＋⑩C) /⑥C≧75%　④ × $\dfrac{⑮×80\%+(⑬-⑮)×60\%}{⑬}$　㉘			
第二種事業及び第五種事業 (⑧C＋⑪C) /⑥C≧75%　④ × $\dfrac{⑮×80\%+(⑬-⑮)×50\%}{⑬}$　㉙			
第二種事業及び第六種事業 (⑧C＋⑫C) /⑥C≧75%　④ × $\dfrac{⑮×80\%+(⑬-⑮)×40\%}{⑬}$　㉚			
第三種事業及び第四種事業 (⑨C＋⑩C) /⑥C≧75%　④ × $\dfrac{⑯×70\%+(⑬-⑯)×60\%}{⑬}$　㉛			
第三種事業及び第五種事業 (⑨C＋⑪C) /⑥C≧75%　④ × $\dfrac{⑯×70\%+(⑬-⑯)×50\%}{⑬}$　㉜			
第三種事業及び第六種事業 (⑨C＋⑫C) /⑥C≧75%　④ × $\dfrac{⑯×70\%+(⑬-⑯)×40\%}{⑬}$　㉝			
第四種事業及び第五種事業 (⑩C＋⑪C) /⑥C≧75%　④ × $\dfrac{⑰×60\%+(⑬-⑰)×50\%}{⑬}$　㉞			
第四種事業及び第六種事業 (⑩C＋⑫C) /⑥C≧75%　④ × $\dfrac{⑰×60\%+(⑬-⑰)×40\%}{⑬}$　㉟			
第五種事業及び第六種事業 (⑪C＋⑫C) /⑥C≧75%　④ × $\dfrac{⑱×50\%+(⑬-⑱)×40\%}{⑬}$　㊱			

ハ　上記の計算式区分から選択した控除対象仕入税額

項　目	税率6.24%適用分 A	税率7.8%適用分 B	合　計　C (A＋B)
選択可能な計算式区分（㉟ ～ ㊱）の内から選択した金額　㊲	※付表4-3の④A欄へ 円	※付表4-3の④B欄へ 円	※付表4-3の④C欄へ 円

注意　金額の計算においては、1円未満の端数を切り捨てる。

(2／2)

3　2割特例適用の場合の申告事例

　2割特例適用の場合の申告事例を見ていきます。

　課税売上が1,000万円以下になっていますが、このたびのインボイス制度の導入に当たり、免税事業者が課税事業者になっているケースを想定しています。

【付表の作成順序】

❶ **付表6**

❷ **第二表**

❸ **第一表**

❶ 付表6の作成

「課税取引金額計算表」の売上高の金額を付表に転記していきます。

　①　　　欄　課税取引金額計算表から税抜金額を記入。（①F÷1.1）

　②　　　欄　①の金額を千円未満切り捨てた金額を記入。

　③　　　欄　②の金額からそれぞれの税率を乗じた金額を記入。

　⑥　　　欄　③＋④－⑤

　⑦　　　欄　⑥の金額×80％

❷ 第二表の作成

付表6の該当する金額を記入。

❸ 第一表の作成

第二表、付表6のＣ欄の該当する金額を記入。

⑳　　　欄　⑪の金額に22/78を乗じた金額を記入。

（令和 7 年分）

科目		決算額 A	Aのうち課税取引にならないもの（※1） B	課税取引金 （A-B） C
売上（収入）金額 （雑収入を含む）	①	8,901,000 円	150,000 円	8,751,000

科目			決算額 A	Aのうち課税取引にならないもの（※1） B	課税取引金 （A-B） C
売上原価	期首商品棚卸高	②			
	仕 入 金 額	③	1,880,000		1,880,000
	小 計	④	1,880,000		
	期末商品棚卸高	⑤			
	差 引 原 価	⑥	1,880,000		
差 引 金 額		⑦	7,021,000		
経費	租 税 公 課	⑧	800	800	
	荷 造 運 賃	⑨	4,050		4,050
	水 道 光 熱 費	⑩	65,820		65,820
	旅 費 交 通 費	⑪	68,460		68,460
	通 信 費	⑫	148,643		148,643
	広 告 宣 伝 費	⑬	66,000		66,000
	接 待 交 際 費	⑭	187,227		187,227
	損 害 保 険 料	⑮	60,000	60,000	
	修 繕 費	⑯	25,643		25,643
	消 耗 品 費	⑰	132,465		132,465
	減 価 償 却 費	⑱	50,000	50,000	
	福 利 厚 生 費	⑲			
	給 料 賃 金	⑳	960,000	960,000	
	外 注 工 賃	㉑			
	利 子 割 引 料	㉒			
	地 代 家 賃	㉓	660,000		660,000
	貸 倒 金	㉔			
	諸 会 費	㉕	5,500		5,500
	リ ー ス 料	㉖	132,000		132,000
	会 議 費	㉗	114,930		114,930
	支 払 手 数 料	㉘	26,400		26,400
	車 両 費	㉙	89,543		89,543
		㉚			
	雑 費	㉛	159,400	1,000	158,400
	計	㉜	2,956,881	1,071,800	1,885,081
差 引 金 額		㉝	4,064,119		
③＋㉜		㉞	4,836,881		3,765,081

※1 B欄には、非課税取引、輸出取引等、不課税取引を記入します。
　　また、売上原価・経費に特定課税仕入れに係る支払対価の額が含まれてい
※2 斜線がある欄は、一般的な取引において該当しない項目です。

表イ－1

計算表

（事業所得用）

うち軽減税率6.24%適用分 D	E	うち標準税率7.8%適用分 F	G
円	円	円 8,751,000	円

うち軽減税率6.24%適用分		うち標準税率7.8%適用分	
課税仕入高 D	経過措置（8割控除）の適用を受ける課税仕入高 E	課税仕入高 F	経過措置（8割控除）の適用を受ける課税仕入高 G
		1,780,000	100,000
		4,050	
		65,820	
		68,460	
		148,643	
		66,000	
58,715		83,512	45,000
		25,643	
		132,465	
		660,000	
		5,500	
		132,000	
16,000		78,930	20,000
		26,400	
		89,543	
		158,400	
74,715		1,745,366	65,000
74,715		3,525,366	165,000

太枠の箇所は課税売上高計算表及び課税仕入高計算表へ転記します。

合には、その金額もB欄に記入します。

第3-(3)号様式

令和　　年　　月　　日

税務署長殿

（個人の方）振替継続希望

個人事業者用　第一表

納　税　地

（電話番号　　　　－　　　　－　　　　）

（フリガナ）レストラントヨトミ

屋　　　号　レストラン豊臣

個人番号

（フリガナ）トヨトミ ヒデ ヨシ

氏　　　名　豊臣　秀吉

※税務署処理欄

整理番号

申告年月日　令和　　　年　　　月　　　日

申告区分　指導等　庁指定　局指定

通信日付印　確認　確認書類　個人番号カード／通知カード・運転免許証／その他（　）　身元確認

指導　年　月　日　相談　区分1　区分2　区分3

令和

自令和 7 年 1 月 1 日

至令和 7 年 12 月 31 日

課税期間分の消費税及び地方消費税の（　確定　）申告書

中間申告の場合の対象期間　自令和　　年　　月　　日　至令和　　年　　月　　日

令和五年十月一日以後終了課税期間分（簡易課税用）

この申告書による消費税の税額の計算

項目	十兆千百十億千百十万千百十一円	
課税標準額 ①	7 9 5 5 0 0 0	03
消費税額 ②	6 2 0 4 9 0	06
貸倒回収に係る消費税額 ③		07
控除税額 控除対象仕入税額 ④	4 9 6 3 9 2	08
返還等対価に係る税額 ⑤		09
貸倒れに係る税額 ⑥		10
控除税額小計（④+⑤+⑥）⑦	4 9 6 3 9 2	11
控除不足還付税額（⑦-②-③）⑧		13
差引税額（②+③-⑦）⑨	1 2 4 0 0 0	15
中間納付税額 ⑩	0 0	16
納付税額（⑨-⑩）⑪	1 2 4 0 0 0	17
中間納付還付税額（⑩-⑨）⑫	0 0	18
この申告書が修正申告である場合 既確定税額 ⑬		19
差引納付税額 ⑭	0 0	20
この課税期間の課税売上高 ⑮		21
基準期間の課税売上高 ⑯		

⑪・⑫又は⑫・⑬の記入をお忘れなく。

この申告書による地方消費税の税額の計算

地方消費税の課税標準となる消費税額 控除不足還付税額 ⑰		51
差引税額 ⑱	1 2 4 0 0 0	52
譲渡割額 還付額 ⑲		53
納税額 ⑳	3 4 9 0 0	54
中間納付譲渡割額 ㉑	0 0	55
納付譲渡割額（⑳-㉑）㉒	3 4 9 0 0	56
中間納付還付譲渡割額（㉑-⑳）㉓	0 0	57
この申告書が修正申告である場合 既確定譲渡割額 ㉔		58
差引納付譲渡割額 ㉕	0 0	59
消費税及び地方消費税の合計（納付又は還付）税額 ㉖	1 5 8 9 0 0	60

㉖=（⑪+⑫）-（⑬+⑲+㉓）・修正申告の場合㉖=⑭+㉕
㉖が還付税額となる場合はマイナス「-」を付してください。

付記事項・参考事項

付記事項			
割賦基準の適用	有	無	31
延払基準等の適用	有	無	32
工事進行基準の適用	有	無	33
現金主義会計の適用	有	無	34
課税標準額に対する消費税額の計算の特例の適用	有	無	35

参考事項 事業区分	課税売上高（免税売上高を除く）	売上割合%	
第1種	千円		36
第2種			37
第3種			38
第4種			39
第5種			42
第6種			43

特例計算適用（令57③）	有	◯無	40

◯ 税額控除に係る経過措置の適用（2割特例）44

還付を受けようとする金融機関等	銀行　金庫・組合　農協・漁協	本店・支店　出張所　本所・支所
預金 口座番号		
ゆうちょ銀行の貯金記号番号	－	
郵便局名等		

（個人の方）公金受取口座の利用

※税務署整理欄

税理士署名（　）

【ポイント】
ここに◯印を付す

税理士法第33条の2の書面提出有

※ 2割特例による申告の場合、⑱欄に⑪の数字を記載し、⑱欄×22/78から算出された金額を⑳欄に記載してください。

第3－(2)号様式

課税標準額等の内訳書

GK0602

納 税 地	
	（電話番号　　　－　　　－　　　）
（フリガナ）	レストラン トヨトミ
屋　　号	レストラン豊臣
（フリガナ）	トヨトミ ヒデヨシ
氏　　名	豊臣　秀吉

改正法附則による税額の特例計算

軽減売上割合（10営業日）		附則38①	51
小売等軽減仕入割合		附則38②	52

第二表

自 令和 7年 1月 1日　**課税期間分の消費税及び地方**　　中間申告 自 令和 □年 □月 □日
至 令和 7年 12月 31日　**消費税の（　確定　）申告書**　　の場合の 対象期間 至 令和 □年 □月 □日

令和四年四月一日以後終了課税期間分

課　税　標　準　額 ※申告書（第一表）の①欄へ	①	十 兆 千 百 十 億 千 百 十 万 千 百 十 一 円　7 9 5 5 0 0 0	01
課税資産の 譲渡等の 対価の額 の合計額	3　％　適用分 ②		02
	4　％　適用分 ③		03
	6.3　％　適用分 ④		04
	6.24　％　適用分 ⑤		05
	7.8　％　適用分 ⑥	7 9 5 5 4 5 4	06
	（②～⑥の合計） ⑦	7 9 5 5 4 5 4	07
特定課税仕入れ に係る支払対価 の額の合計額 （注1）	6.3　％　適用分 ⑧		11
	7.8　％　適用分 ⑨		12
	（⑧・⑨の合計） ⑩		13

消　　費　　税　　額 ※申告書（第一表）の②欄へ	⑪	6 2 0 4 9 0	21
⑪ の 内 訳	3　％　適用分 ⑫		22
	4　％　適用分 ⑬		23
	6.3　％　適用分 ⑭		24
	6.24　％　適用分 ⑮		25
	7.8　％　適用分 ⑯	6 2 0 4 9 0	26

返　還　等　対　価　に　係　る　税　額 ※申告書（第一表）の⑤欄へ	⑰		31
⑰の内訳	売上げの返還等対価に係る税額 ⑱		32
	特定課税仕入れの返還等対価に係る税額（注1） ⑲		33

地方消費税の 課税標準となる 消費税額 （注2）	（㉑～㉓の合計） ⑳	1 2 4 0 0 0	41
	4　％　適用分 ㉑		42
	6.3　％　適用分 ㉒		43
	6.24％及び7.8％適用分 ㉓	1 2 4 0 0 0	44

（注1）⑧～⑩及び⑲欄は、一般課税により申告する場合で、課税売上割合が95％未満、かつ、特定課税仕入れがある事業者のみ記載します。
（注2）⑳～㉓欄が還付税額となる場合はマイナス「－」を付してください。

第4-(13)号様式

付表6 税率別消費税額計算表　　　　　　　　　　　　　　　　　　　　　　　　　　　特　別

〔小規模事業者に係る税額控除に関する経過措置を適用する課税期間用〕

課 税 期 間	7・1・1～ 7・12・31	氏 名 又 は 名 称	豊臣　秀吉

I　課税標準額に対する消費税額及び控除対象仕入税額の計算の基礎となる消費税額

区　　　　　分		税率6.24%適用分 A	税率7.8%適用分 B	合 計 C (A＋B)
課 税 資 産 の 譲 渡 等 の 対 価 の 額	①	※第二表の⑤欄へ　　　　　円	※第二表の⑥欄へ　　　　　円 7,955,454	※第二表の⑦欄へ　　　　円 7,955,454
課 税 標 準 額	②	①A欄（千円未満切捨て）　000	①B欄（千円未満切捨て）　7,955,000	※第二表の①欄へ 7,955,000
課 税 標 準 額 に 対 す る 消 費 税 額	③	(②A欄×6.24/100) ※第二表の⑮欄へ	(②B欄×7.8/100) ※第二表の⑯欄へ 620,490	※第二表の⑪欄へ 620,490
貸 倒 回 収 に 係 る 消 費 税 額	④			※第一表の③欄へ
売 上 対 価 の 返 還 等 に 係 る 消 費 税 額	⑤			※第二表の⑰、⑱欄へ
控除対象仕入税額の計算の基礎となる消費税額 （ ③ ＋ ④ － ⑤ ）	⑥		620,490	620,490

II　控除対象仕入税額とみなされる特別控除税額

項　　　　　目		税率6.24%適用分 A	税率7.8%適用分 B	合 計 C (A＋B)
特 別 控 除 税 額 （ ⑥ × 80 ％ ）	⑦		496,392	※第一表の④欄へ 496,392

III　貸倒れに係る税額

項　　　　　目		税率6.24%適用分 A	税率7.8%適用分 B	合 計 C (A＋B)
貸 倒 れ に 係 る 税 額	⑧			※第一表の⑥欄へ

注　意　　金額の計算においては、1円未満の端数を切り捨てる。

（R5.10.1以後終了課税期間用）

180

〈監修者〉

小谷 羊太 (こたに ようた)

税理士。

昭和42年大阪市生まれ。

平成17年開業税理士登録。

平成30年税理士法人小谷会計設立。代表社員税理士。

奈良産業大学法学部卒業後、会計事務所勤務を経て大原簿記学校税理士課法人税法担当講師として税理士受験講座や申告実務講座の教鞭をとる。現在は東京と大阪を中心に個人事業者や中小会社の税務顧問を務める。

●著　書：『実務で使う　法人税の減価償却と耐用年数表』(清文社)

　　　　　『実務で使う　法人税の耐用年数の調べ方・選び方』(清文社)

　　　　　『法人税申告書の『つながり』がよくわかる本』(清文社)

　　　　　『法人税・所得税・消費税をうまく使いこなす　法人成り・個人成りの実務』(清文社)

　　　　　『法人税申告書の書き方がわかる本』(日本実業出版社)

　　　　　『法人税申告のための決算の組み方がわかる本』(日本実業出版社)　ほか

●共著書：『株式会社のつくり方と運営』(成美堂出版)

●税理士法人小谷会計ホームページ　http://www.yotax.Jp/

〈著者〉

森本 耕平 (もりもと こうへい)

昭和53年大阪府生まれ。

平成27年税理士登録。

関西大学経済学部卒業後、大原簿記専門学校税理士課消費税法担当講師として税理士受験講座の教鞭をとる。

現在は大阪を中心に中小会社や個人事業者の税務相談、税務申告に関与している。

新版　はじめてのインボイス登録と消費税の申告

2024年2月5日　発行

監修者　　小谷 羊太

著　者　　森本 耕平 ©

発行者　　小泉 定裕

発行所　　株式会社 清文社

東京都文京区小石川1丁目3−25（小石川大国ビル）
〒112-0002　電話03（4332）1375　FAX03（4332）1376
大阪市北区天神橋2丁目北2−6（大和南森町ビル）
〒530-0041　電話06（6135）4050　FAX06（6135）4059
URL https://www.skattsei.co.jp/

印刷：大村印刷㈱

ISBN978-4-433-71803-9